Brigitte
Preiswert und gut kochen

Mosaik bei
GOLDMANN

Inhalt

Frühling

Sommer

Herbst

Winter

FRAUKE PRIEN,

geboren 1962, ist seit 1994 Redakteurin im BRIGITTE-Ressort Haushalt und Küche. Nach der Ausbildung zur Hauswirtschaftsleiterin arbeitete sie zunächst für die Feinkostindustrie in der Produktentwicklung, spezialisierte sich dann aber auf den Food-Journalismus. Sie war für mehrere Koch- und Frauenzeitschriften tätig; ihr Schwerpunkt sind Rezeptentwicklung und Fotoproduktionen. Frauke Prien ist Mutter von zwei Kindern und lebt mit ihrer Familie in Schleswig-Holstein.

Vorweg

Jeden Tag ein köstliches, gesundes Essen auf dem Tisch, raffinierte Menüs, tolle Party-Büfetts – das alles lässt sich machen, ohne viel Geld dafür auszugeben. Wie, das steht in diesem Buch. Der wichtigste Trick: einkaufen, was gerade wenig kostet. Deshalb habe ich die rund 100 Rezepte nach Jahreszeiten unterteilt. Denn Obst und Gemüse sind nun mal am günstigsten, wenn sie Saison haben. Hinzu kommt, dass sie dann am besten schmecken und die meisten Nährstoffe enthalten. Auf teure Sorten wie zum Beispiel Spargel oder Heidelbeeren sowie Fleisch, Fisch und Meeresfrüchte der höheren Preisklassen (Wild, Lachs, Garnelen) habe ich bewusst verzichtet. Kommt doch mal eine exquisite Zutat vor, nenne ich preiswerte Alternativen. Weitere »Sparmaßnahmen« stehen auf den Seiten 6–9. Sie werden sehen, es ist eigentlich ganz einfach, beim Einkaufen und Kochen Geld zu sparen.

Die Jahreszeiten-Kapitel bestehen aus jeweils zwei Teilen: »Herzhaft und knackig« und »Obst und Süßes«. Es gibt Klassiker wie Kartoffelsuppe, Kohlrouladen oder Quarkauflauf,

Spezialitäten aus dem Süden wie Minestrone oder Kartoffelsalat mit Feta, aber auch exotische Köstlichkeiten wie Saté-Spieße oder Blumenkohl-Curry. Alle Rezepte sind so ausführlich beschrieben, dass sie auch Ungeübten ohne große Mühe gelingen; dazu gibt es Infos, Tipps und Varianten. Immer dabei: alle Nährwertangaben und die Zubereitungszeit.

Im letzten Kapitel habe ich aus den Rezepten des Buches für jede Jahreszeit einen Menüvorschlag für ein festliches Essen und ein Party-Büfett zusammengestellt. Dazu Tipps, wie sich alles so vorbereiten lässt, dass auch Sie den Abend ganz entspannt genießen können. Ganz am Schluss stehen die Saisonlisten für einheimisches und importiertes Obst und Gemüse – damit Sie immer im Blick haben, was gerade günstig angeboten wird.

Viel Spaß beim Kochen und Genießen!
Ihre Frauke Prien

SO FINDEN SIE SICH ZURECHT

Die wichtigsten Informationen über die Rezepte in diesem Buch stehen gleich unter dem Titel: Ob ein Gericht schnell und einfach geht oder etwas Zeit und Übung braucht, ob es vegetarisch ist und ob es mit Alkohol zubereitet wird, sehen Sie auf einen Blick. Beim Durchblättern können Sie sich ganz schnell an den Symbolen am Rand orientieren. Außerdem sehen Sie sofort, in welchem Kapitel Sie sich gerade befinden, denn danach richtet sich die Farbe der Symbole.
Im Frühlingskapitel zum Beispiel sehen sie so aus:

einfach

braucht etwas Übung

schnell

braucht etwas Zeit

vegetarisch

mit Alkohol

So können Sie sparen

Beim Einkauf insgesamt

Gut planen: »Schon wieder so viel Geld ausgegeben ...« – solche Überraschungen an der Supermarktkasse kommen nicht mehr vor, wenn Sie vor jedem Einkauf genau aufschreiben, was Sie brauchen, und dann auch nur das kaufen. Eine Ausnahme sind Sonderangebote. Aber auch hier bitte überlegen: Können Sie das in nächster Zeit verwerten oder haben Sie von dem günstigen Tiefkühlgemüse schon vor Wochen drei Packungen eingefroren? Und lassen Sie sich nicht verführen, nebenbei noch andere, teurere Waren zu kaufen – genau das ist nämlich der Sinn von Sonderangeboten. Noch etwas: So banal es klingt, wer mit hungrigem Magen losgeht, kauft mehr. Also lieber vorher noch schnell eine Banane oder einen Apfel essen.

Preise vergleichen: Falls Sie das Gefühl haben, für Lebensmittel – oder auch sonst – grundsätzlich zu viel Geld auszugeben, gehen Sie der Sache auf den Grund: Vielleicht sind Ihre gewohnten Läden gar nicht (mehr) die günstigsten für Sie. Nehmen Sie sich mal ein paar Stunden Zeit für einen Preisvergleich: »Ihr« Supermarkt ist vielleicht beim Gemüse gut und preiswert, dafür hat die Konkurrenz unschlagbare Angebote an der Käsetheke. Oder Sie stellen fest, dass es Ihr Lieblingsmüsli neuerdings ganz günstig im Drogeriemarkt in der Nachbarschaft gibt.

Es muss nicht immer Güteklasse A oder 1 sein: Ein nicht ganz perfekt geformter Apfel oder ein Blumenkohlkopf, der etwas weniger fest gewachsen ist, schmeckt meist genauso gut und enthält ebenso viele Nährstoffe wie die glatteren, pralleren und entsprechend teureren Exemplare.

Direkt beim Bauern kaufen: Die frischeste Ware und die besten Angebote gibt es auf dem Markt oder in Hofläden. Gehen Sie nach Möglichkeit dorthin zum Einkaufen. Fahrkosten und -zeit können Sie sparen, wenn sich zum Beispiel zwei oder drei Nachbarinnen zusammenfinden, die dann abwechselnd die Besorgungen erledigen.

Bei Obst und Gemüse

Obst gut aussuchen: Schöne, bunte, pralle Früchte eingekauft, und beim Hineinbeißen schmeckt's nach nichts? Das kommt daher, dass Obst heute häufig zu früh geerntet wird und bestimmte Sorten dann von Natur aus nicht mehr nachreifen. Solche Früchte haben kein Aroma, können also auch nicht schmecken.
Nur vollreif kaufen sollten Sie Ananas, Auberginen, Clementinen, Erdbeeren, Paprika, Gurken, Kirschen, Weintrauben und Orangen. Vor allem Ananas, Erdbeeren und Kirschen müssen dann schnell verbraucht werden.
Andere Sorten wie zum Beispiel Bananen, Äpfel, Avocados, Birnen, Feigen, Kiwi, Mango, Pfirsiche, Nektarinen, Tomaten und Melonen reifen noch nach und schmecken nach ein paar Tagen voll und aromatisch. Wenn Sie dann ohnehin wieder welche brauchen und das Angebot günstig ist, kaufen Sie ruhig ein paar mehr.

Bei Kräutern

Trocken statt frisch kaufen: Frische Kräuter schmecken am besten, können allerdings etwas teurer sein. Deshalb sind in vielen Rezepten auch die preiswerteren getrockneten Kräuter angegeben, gelegentlich zudem eine unschlagbar günstige Alternative: Kräuter aus dem Teebeutel.

Selbst trocknen: Bei vielen frischen Kräutern können Sie Reste trocknen und später verwenden. Wenn Sie diese Kräuter also einmal billig bekommen, kaufen Sie ruhig auch für den Vorrat:
Kräuter an einem luftigen Ort nicht direkt in der Sonne hängend trocknen lassen. Die vollständig getrockneten Blätter in Schraubgläsern aufheben.
Gut trocknen lassen sich zum Beispiel Bohnenkraut, Lavendel, Lorbeer, Rosmarin, Salbei, Thymian.
Gleich verbrauchen sollten Sie Dill, Kerbel, Koriander, Melisse, Minze, Petersilie.

Beim Kochen

Auf Vorrat kochen: Das lohnt sich vor allem bei Gerichten mit langer Garzeit (Gulasch, Rouladen, Hülsenfrüchte, Suppen). Sie sparen nicht nur Arbeitszeit und Energie – vieles schmeckt einfach besser, wenn es in großer Menge gekocht wird. Ideal dafür ist ein Dampfdrucktopf. Wichtig ist nur, dass die überzähligen Portionen möglichst schnell ganz erkalten. Das geht schneller, wenn Sie Reste in einen kleineren Topf umfüllen. Offen (also ohne Deckel) abkühlen lassen und dann gut abgedeckt in den Kühlschrank stellen. Nach maximal drei Tagen sollte alles aufgegessen sein. Sie können die Reste natürlich auch einfrieren.
Nicht geeignet zum Vorkochen sind zum Beispiel Fischgerichte, kurz gebratenes Fleisch, Pfannkuchen, Milchreis und Speisen mit Hefe (Germknödel). Diese Gerichte bleiben nur kurze Zeit frisch und sollten deshalb am gleichen Tag gegessen werden.

Tiefkühlen – aber richtig

Ob Selbstgeerntetes aus dem Garten, auf Vorrat gekochtes Essen oder das Sonderangebot im Supermarkt – frische Lebensmittel durch Einfrieren haltbar zu machen, ist oft sinnvoll. Für Privathaushalte reicht normalerweise eine Kühlkombination (Tiefkühler und Kühlschrank). Wichtig beim Tiefkühlen:

- Selbstgekochtes erst einfrieren, wenn es ganz abgekühlt ist, das spart Energie.
- Lebensmittel, die nicht vorverpackt sind, immer in Gefrierbeutel oder -dosen gut verpacken. Bei Beuteln die Restluft herausdrücken bzw. nicht zu große Gefrierdosen nehmen, das erhält die Qualität und spart Platz.
- Beutel und Dosen genau beschriften (Inhalt, Datum) – dann brauchen Sie nicht zu rätseln, was Sie wann eingefroren haben.
- Nicht zu lange horten, sonst verlieren Sie den Überblick.
- Wenn sich im Inneren eine 1 cm dicke Reifschicht gebildet hat, ist es höchste Zeit, den Tiefkühler abzutauen. Der Reif erschwert die Kälteübertragung und das kostet zusätzlich Energie.
- Wichtig beim Auftauen: Rohes Fleisch und vorgekochte Speisen brauchen Zeit. Am besten ganz langsam über Nacht im Kühlschrank auftauen lassen. Hat das Fleisch noch einen Eiskern, wenn es in den Backofen kommt, stimmt die Garzeit nicht mehr und das Fleisch kann zäh und ledrig werden. Und der Eisblock, der bei großer Hitze im Topf wieder zur Suppe werden soll, brennt an. Bei fertig gekauftem TK-Gemüse (Erbsen, Bohnen, Blumenkohl) lesen Sie auf der Packung nach: Meist soll es gefroren in kochendes Salzwasser gegeben werden.

EICHHÖRNCHEN LÄSST GRÜSSEN

Sie haben den Einkauf nicht geschafft oder möchten spontan netten Kaffeebesuch noch zum Abendessen einladen? Kein Problem, wenn Sie immer ein paar Vorräte im Haus haben.

Im Vorratsschrank können Sie lagern: Mehl, Zucker, Backpulver, Nudeln, Reis, Öl, Dosentomaten, Dosenmais, eventuell zusätzlich Polenta und Couscous, Zwiebeln, H-Milch, Brot zum Aufbacken.
Im Kühlschrank regelmäßig auffüllen: Butter/Margarine, Eier, eventuell zusätzlich Speck sowie Schnitt- und Hartkäse.
Glücklich, wer einen Tiefkühler hat. Legen Sie für alle Fälle einige Packungen Gemüse (Erbsen, Bohnen, Spinat oder Brokkoli) und ein oder zwei fertig gekochte oder gekaufte Gerichte hinein (siehe auch »Tiefkühlen – aber richtig«).

1 KAPITEL

Frühling

Junges Gemüse und süße Früchte

Endlich: Es wird grün draußen und frisch auf den Tellern! Möhren, Krabben, Kräuterquark – das schmeckt nach Frühling. Dazu ein schönes Stück Lammfleisch von Ihrem Metzger. Oder vielleicht lieber die guten Makrelenfilets vom Markt? Und zum Nachtisch Eis mit Erdbeeren – ganz frisch vom Gemüsemann oder günstig aus der Tiefkühltruhe.

THREE
STARS

Kräuter-Couscous mit Zucchini und Limettensoße

Für 2 Portionen / vegetarisch / einfach / schnell

Zucchini: 400 g Zucchini, 1/2 Bund Thymian, 2 EL Olivenöl, Salz, frisch gemahlener Pfeffer;

Limettensoße: 1 große Limette, 200 g Schlagsahne, 2 TL körnige Gemüsebrühe (Instant), Salz, frisch gemahlener Pfeffer, 2 Eigelb;

Couscous: 125 g Instant-Couscous (Getreidegrütze), 150 ml Brühe, 1/2 Bund Minze

Zucchini: Zucchini abspülen und die Enden abschneiden. Zucchini der Länge nach halbieren und in etwa 3 cm lange, nicht zu dünne Stifte schneiden. Thymianblättchen abzupfen. Öl erhitzen und die Zucchinistifte darin scharf anbraten und leicht bräunen. Thymian dazugeben und alles mit Salz und Pfeffer würzen. Gemüse warm stellen.

Limettensoße: Die Limette heiß abspülen, trockentupfen und zur Hälfte dünn schälen. Limettenschale mit einem scharfen Messer in feine Streifen schneiden. Den Saft auspressen. Die Sahne bei kleiner Hitze langsam aufkochen. Nach und nach den Limettensaft unterrühren und mit Brühe, Salz und Pfeffer abschmecken.

Eigelbe und etwas von der Limettensahne mit einem Schneebesen kräftig verrühren und in die restliche Limettensahne rühren. Die Soße kurz erwärmen, aber nicht mehr kochen lassen.

Couscous: Den Couscous mit kochender Brühe übergießen und 3 Minuten quellen lassen. Minze abspülen, trockenschütteln und die Blätter in Streifen schneiden.

Couscous mit einer Gabel auflockern und mit den Zucchinistiften und den Minzeblättern mischen. Sofort mit der Limettensoße servieren.

Pro Portion ca. 775 Kcal, 16 g Eiweiß, 57 g Fett, 50 g Kohlenhydrate

Fertig in 30 Minuten

» Ihr bleibt doch noch zum Essen? Ich bin gleich so weit. «

Instant-Couscous habe ich immer im Vorrat, denn schneller lässt sich kaum eine Beilage machen. Außerdem passt er gut zu Geflügel, Schweinefleisch oder wie oben im Rezept zu gebratenem Gemüse. Für sich alleine ist er allerdings etwas trocken, darum immer eine Soße dazu servieren (z. B. Joghurt mit Minze).

Kohlrabi-Eintopf mit Petersilien-Gnocchi

Für 3 Portionen / vegetarisch / einfach

Gnocchi: 1/2 Bund glatte Petersilie, 250 g fertiger Kloßteig (Thüringer Klöße aus dem Kühlregal), 1 Eigelb, 50 g Mehl, 1/2 TL Salz;

Eintopf: 1 kg junger Kohlrabi, 1 Stange Staudensellerie, 1 große Möhre, 1/2 Stange Porree, 1 EL Butter oder Margarine, 1/2 l Gemüsebrühe, 1/4 l Milch, Salz, frisch gemahlener Pfeffer, 1/2 Bund glatte Petersilie

Gnocchi: Die Petersilie abspülen, trockentupfen und fein hacken. Petersilie mit dem Kloßteig, Eigelb, Mehl und Salz verkneten und zu langen Rollen (2 cm ∅) formen. Rollen in 2 cm lange Stücke schneiden und jedes Stück mit dem Finger einmal eindrücken. Gnocchi in reichlich kochendes Salzwasser geben und bei kleiner Hitze etwa 10 Minuten gar ziehen lassen. Mit einer Schaumkelle aus dem Wasser heben, kurz abtropfen lassen und abgedeckt warm stellen.

Eintopf: Kohlrabi schälen, dabei die zarten Blätter beiseite legen. Kohlrabi in kleine Würfel schneiden. Staudensellerie, Möhre und Porree putzen, abspülen und in dünne Scheiben schneiden. Fett in einem großen Topf erhitzen und Sellerie, Möhre und Porree darin andünsten.

Die Kohlrabiwürfel dazugeben und unter Rühren weiterdünsten. Brühe und Milch dazugießen und alles zugedeckt etwa 10 Minuten kochen lassen, bis das Gemüse knapp gar ist. Mit Salz und Pfeffer würzen.

Die fertigen Gnocchi im Eintopf erhitzen. Petersilie und Kohlrabiblätter in feine Streifen schneiden und in den Eintopf streuen.

Pro Portion ca. 320 Kcal, 13 g Eiweiß, 13 g Fett, 37 g Kohlenhydrate

Fertig in 1 Stunde

Dazu: Graubrot

INFO

Gnocchi sind eine italienische Spezialität aus Mais, Grieß oder Kartoffeln, meist kommen noch Käse und Butter hinzu. Es gibt sie in vielen Varianten.

TIPP

Fertigen Kloßteig finden Sie im Supermarkt im Kühlregal dort, wo es frische Nudeln gibt. Sie können auch frische Spätzle nehmen; dann die gehackte Petersilie vor dem Servieren direkt in die Suppe rühren.

Kressecremesuppe

Für 2 Portionen / vegetarisch / schnell

200 g mehlig kochende Kartoffeln, 1/2 l Gemüsebrühe, 1 Ei, 2 Beete Kresse,
100 g Schlagsahne, 100 ml Weißwein (oder Brühe mit 1 Spritzer Zitronensaft),
Salz, frisch gemahlener Pfeffer, 2 TL Zitronensaft, 30 g Krabbenfleisch

Kartoffeln schälen, würfeln und in der Brühe etwa 10 Minuten kochen lassen. Das Ei in 10 Minuten hart kochen. Die Kresse mit einer Schere vom Beet schneiden und bis auf etwas Kresse zum Bestreuen in die Brühe geben. Sahne und Wein dazugießen. Alles mit dem Stabmixer pürieren und mit Salz, Pfeffer und etwas Zitronensaft abschmecken.

Das Krabbenfleisch mit dem restlichen Zitronensaft beträufeln und mit Pfeffer würzen. Das Ei schälen, fein hacken und in die Suppe streuen. Zum Servieren Krabben und die restliche Kresse auf die Suppe streuen.

Pro Portion ca. 330 Kcal, 10 g Eiweiß, 21 g Fett, 16 g Kohlenhydrate

Fertig in 20 Minuten

Dazu: geröstetes Schwarzbrot

»Bitte nicht satt essen – es gibt noch zwei Gänge.«

Diese Suppe serviere ich gern als Vorspeise – und je nachdem, was gerade im Garten reichlich wächst, verwende ich Dill, Basilikum, Petersilie oder Kerbel.

VARIANTE

Statt Krabben schmecken auch Schinkenstreifen, geröstete Mandelstifte oder in Butter geröstete Toastbrotwürfel in der Suppe.

Kräuter-Quark-Schnitten

Für 12 Stück / braucht etwas Übung

Biskuitteig: 450 g TK-Spinat, 1 Brötchen, 4 Eier, 1 EL Semmelbrösel, Salz, frisch gemahlener Pfeffer, frisch geriebene Muskatnuss;
Füllung: 1 rote Zwiebel, 150 g geräucherter durchwachsener Speck, 50 g getrocknete Tomaten in Öl (abgetropft), 6 Blatt weiße Gelatine, 1 Bund glatte Petersilie, 1/2 Bund Oregano oder 1 TL getrockneter Oregano, 250 g Magerquark, 200 g Doppelrahmfrischkäse, 150 g saure Sahne, 2–3 EL Brandy (spanischer Weinbrand) oder Orangensaft, Salz, frisch gemahlener Pfeffer

Biskuitteig: Spinat auf einem Sieb auftauen lassen. Brötchen in kaltem Wasser einweichen. Spinat ausdrücken und fein hacken. Eier trennen. Ausgedrücktes Brötchen, Spinat, Semmelbrösel und Eigelbe verrühren und kräftig mit Salz, Pfeffer und Muskat würzen. Eiweiße steif schlagen, mit einem Teigschaber unterrühren und die Masse auf ein mit Backpapier ausgelegtes Backblech streichen. Im vorgeheizten Backofen bei 200 Grad, Umluft 180 Grad, Gas Stufe 4 etwa 18 Minuten backen.

Spinatbiskuit auf ein Kuchengitter stürzen, sofort das Backpapier abziehen und die Teigplatte abkühlen lassen. Teigplatte halbieren und eine Hälfte in 12 Rechtecke schneiden.

Füllung: Zwiebel abziehen und fein hacken. Speck würfeln und bei mittlerer Hitze in einer Pfanne langsam ausbraten. Zwiebelwürfel dazugeben und glasig dünsten. Abgetropfte Tomaten hacken. Gelatine in kaltem Wasser einweichen. Kräuter abspülen, trockenschütteln und fein hacken. Quark, Frischkäse, saure Sahne und Brandy verrühren. Speck, Zwiebeln, Kräuter und Tomaten unterrühren und alles mit Salz und Pfeffer würzen. Gelatine ausdrücken, langsam bei kleiner Hitze auflösen und unter die Käsecreme rühren.

Die Käsefüllung auf die große Biskuitplatte streichen und mit den 12 Biskuitstücken belegen. Abgedeckt im Kühlschrank über Nacht fest werden lassen. In Stücke schneiden und servieren.

Pro Stück ca. 135 Kcal, 13 g Eiweiß, 5 g Fett, 7 g Kohlenhydrate

Ohne Wartezeit fertig in 1 Stunde 15 Minuten

TIPPS

Für Finger-Food die Teigplatte in etwa 1,5 x 1,5 cm große Würfel schneiden.

Den Speck nicht zu lange braten, die Würfel werden sonst hart.

»*Ich mag den Teig gern schön saftig.*«

Bei Biskuit löse ich das Backpapier nach dem Stürzen sofort ab, lasse es aber noch lose auf dem Teig liegen. Beim Abkühlen entweicht dann nicht so viel Feuchtigkeit und der Biskuit bleibt saftiger.

Radieschensalat mit Käseomelett

Für 2 Portionen / vegetarisch / einfach / schnell

Soße: 1 1/2 EL Olivenöl, 3 EL Apfelsaft, 3 EL Vollmilchjoghurt,
Salz, frisch gemahlener Pfeffer, 1 TL Zucker;
Radieschensalat: 2 Bund Radieschen, 1/2 Bund Brunnenkresse oder Rauke,
2 große gekochte Pellkartoffeln, 2 Äpfel,
1/2 Dose Kidneybohnen (265 g Abtropfgewicht);
Käseomelett: 4 Eier, Salz, 1 EL Butter oder Margarine,
3 EL grob geraspelter Gouda-Käse, grober Pfeffer

Soße: Öl, Apfelsaft und Joghurt verrühren und mit Salz, Pfeffer und Zucker abschmecken.

Radieschensalat: Radieschen putzen, abspülen und zuerst in Scheiben, dann in Stifte schneiden. Brunnenkresse oder Rauke putzen und die Blätter abspülen. Pellkartoffeln abziehen und in Würfel schneiden. Äpfel abspülen, trockenreiben und würfeln. Bohnen auf ein Sieb geben, abspülen und abtropfen lassen. Vorbereitete Zutaten und Soße mischen.

Käseomelett: Eier und 2 Prisen Salz verquirlen. Das Fett bei mittlerer Hitze in einer Pfanne zerlassen. Eier in die Pfanne gießen und fest werden lassen, dabei die Pfanne zwischendurch ein paarmal hin und her rütteln.

Den Käse darauf streuen, mit grobem Pfeffer bestreuen und fertig braten. Omelett in breite Streifen schneiden, auf 2 Teller geben und zusammen mit dem Salat servieren.

Pro Portion ca. 715 Kcal, 30 g Eiweiß, g Fett, 55 g Kohlenhydrate

Fertig in 30 Minuten

Dazu: Fladenbrot

TIPPS

Radieschen werden nicht so schnell runzelig, wenn man sie mit den Blättern nach unten in ein Glas mit Wasser hängt.

»Mama, das schmeckt viel besser, wenn's nicht so scharf ist«,

sagt mein Sohn. Wenn meine Kinder mitessen, nehme ich statt Kresse oder Rucola Eisbergsalat – dann wird's etwas milder. Knackfrische Radieschen und Brunnenkresse bzw. Rauke sind zusammen nämlich ganz schön scharf.

Marinierte Möhren mit Minze

Für 4 Portionen / vegetarisch / einfach

1 kg Bundmöhren, 2 Knoblauchzehen, 1/8 l Olivenöl, 5 EL milder Obstessig, Salz, grob gemahlener Pfeffer, 1 TL Zucker, evtl. 2 frische Feigen, 1 Bund Minze, 250 g Vollmilchjoghurt

Die Möhren dünn schälen und putzen, die Stängel dabei am Ansatz etwa 1 cm lang stehen lassen. Dicke Möhren längs halbieren. Möhren in kochendes Wasser geben und bei mittlerer Hitze etwa 7 Minuten kochen. Mit einer Schaumkelle aus dem Wasser heben, kurz abtropfen lassen und auf eine Platte legen.

Knoblauch abziehen und fein hacken. Mit Öl, Essig, Salz, Pfeffer und Zucker verrühren und über die warmen Möhren gießen. Mindestens 1 Stunde, besser über Nacht, durchziehen lassen.

Wenn Sie Feigen verwenden: Die Früchte abspülen, achteln und über die Möhren geben und mit durchziehen lassen.

Minze abspülen, trockenschütteln und die Blättchen abzupfen. Blätter in Streifen schneiden und über die Möhren streuen. Joghurt glatt rühren und mit Salz und Pfeffer würzen. Zu den Möhren servieren.

Pro Portion ca. 400 Kcal, 4 g Eiweiß, 37 g Fett, 14 g Kohlenhydrate

Ohne Wartezeit fertig in 30 Minuten

Dazu: Fladenbrot

VARIANTE

Nach dem gleichen Rezept schmecken auch grüne Bohnen mit Thymian: Bohnen putzen und abspülen. In Salzwasser 8 bis 10 Minuten kochen lassen, bis sie gar sind, aber noch leicht Biss haben. Mit der Marinade übergießen, ziehen lassen und mit Joghurt servieren.

Pochierte Putenbrust mit zwei Soßen

Für 8 Portionen / einfach / mit Alkohol / braucht etwas Zeit

Putenbrust: 1,6 kg Putenbrustfilet, 1 1/2 l Hühnerbrühe, 1/2 l trockener Weißwein, 2 TL getrockneter Rosmarin;

Forellensoße: 250 g geräucherte Forellenfilets, 2 Sardellenfilets, 200 g Salatmayonnaise, 150 g Schlagsahne, Salz, frisch gemahlener Pfeffer;

Pesto-Soße: 400 g Schmand, 5–6 EL Pesto (fertig aus dem Glas), 5 EL Milch, Salz, frisch gemahlener Pfeffer, Zucker;

1 Stängel glatte Petersilie und evtl. 1 TL rosa Pfefferbeeren zum Bestreuen

Putenbrust: Das Fleisch abspülen und trockentupfen. Brühe, Wein und Rosmarin aufkochen. Das Fleisch in die kochende Brühe geben und bei kleiner Hitze etwa 90 Minuten kochen lassen. Fleisch im Kochsud am besten über Nacht erkalten lassen. Das Fleisch in dünne Scheiben schneiden und auf einer Platte anrichten. Die Brühe anderweitig verwenden.

Forellensoße: Die Forellen- und Sardellenfilets mit dem Stabmixer pürieren und mit Mayonnaise und Sahne verrühren. Mit Salz und Pfeffer abschmecken.

Pesto-Soße: Schmand, Pesto und Milch verrühren und mit Salz, Pfeffer und 1 Prise Zucker abschmecken.

Die Soßen zum kalten Fleisch servieren. Mit gehackten Petersilienblättchen und nach Belieben mit zerdrückten Pfefferbeeren bestreuen.

Pro Portion ca. 575 Kcal, 58 g Eiweiß, 36 g Fett, 6 g Kohlenhydrate

Ohne Wartezeit fertig in 1 Stunde 45 Minuten

Dazu: Nudel- oder Kartoffelsalat, Baguette oder Fladenbrot

»Darf ich noch ein bisschen Suppe?«,

fragen meine Gäste immer. Deshalb mache ich diese Putenbrust gern für Partys. In der Brühe vom Putenfleisch koche ich verschiedene Gemüse (Möhren, Porree, Brokkoli, Wirsing, Fenchel, Erbsen) und Nudeln oder Reis. Zum Schluss kommen noch Kräuter (z. B. TK-Kräutermischung) dazu. Fertig ist die Partysuppe.

VARIANTE

Wenn's schnell und ohne Kochen gehen soll: Geräucherte Putenbrust und fertige Soßen (aus dem Glas) nehmen.

Gebackene Makrele mit Pesto

Für 4 Portionen / einfach

1/2 Bund glatte Petersilie, 6 Stängel Thymian oder 1/2–1 TL getrockneter Thymian,
1 unbehandelte Zitrone, 500 g Makrelenfilets mit Haut,
4 EL Olivenöl, 1 TL Pimentkörner, 3 große gekochte Pellkartoffeln (ca. 400 g),
Salz, 50 g Oliven ohne Stein;
100 g Pesto (fertig aus dem Glas), 100 g Crème fraîche, etwas Zitronensaft

INFO

Seefische mit hohem Fettgehalt wie Makrelen, Hering, Lachs oder Sardinen bieten reichlich Omega-3-Fettsäuren, die das Herz-Kreislauf-System stärken.

Die frischen Kräuter abspülen, trockenschütteln und die Blätter fein hacken. Zitrone heiß abspülen, trockentupfen und die Schale fein abreiben. Die Fischfilets abspülen, trockentupfen und in 2 bis 3 cm breite Stücke schneiden. 3 EL Olivenöl, Zitronenschale und Kräuter verrühren. Die Pimentkörner mit der flachen Seite eines breiten Messers grob zerdrücken und unterrühren. Die Paste auf die Fischstücke streichen und 15 Minuten ziehen lassen.

Inzwischen 4 etwa 50 x 50 cm große Quadrate aus Backpapier schneiden und jeweils die Mitte mit dem restlichen Olivenöl bestreichen. Von den Kartoffeln die Schale abziehen. Kartoffeln in etwa 1 cm dicke Scheiben schneiden. Je 3 Scheiben auf jedes Stück Backpapier legen und salzen.

Fischstücke und halbierte Oliven auf die Kartoffeln verteilen. Papier zu Päckchen zusammendrehen und auf ein Backblech legen. Im vorgeheizten Backofen bei 220 Grad, Umluft 200 Grad, Gas Stufe 5 auf der untersten Schiene etwa 10 bis 15 Minuten garen. Päckchen herausnehmen und erst bei Tisch öffnen.

Pesto und Crème fraîche verrühren. Etwas Zitronensaft auf den Fisch träufeln und 1 Klecks Pesto-Soße darauf geben.

Pro Portion ca. 605 kcal, 28 g Eiweiß, 48 g Fett, 15 g Kohlenhydrate

Fertig in 45 Minuten

Dazu: Fladenbrot und Tomatensalat

Lammeintopf mit Fenchel

Für 5 Portionen / einfach / braucht etwas Zeit

1 Gemüsezwiebel, 2–3 Knoblauchzehen, 250 g Möhren, 750 g Fenchel,
1 kg ausgelöster Lammnacken, Salz, frisch gemahlener Pfeffer, 1–2 EL Mehl,
3–4 EL Olivenöl, 1 Dose geschälte Tomaten (800 g Abtropfgewicht),
200 ml weißer Traubensaft

Zwiebel und Knoblauch abziehen und grob würfeln. Möhren schälen und in große Stücke schneiden. Fenchel putzen, abspülen, trockentupfen und in dicke Spalten schneiden; wer mag, legt das Grün für später beiseite. Das Lammfleisch in große Stücke schneiden, mit Salz und Pfeffer würzen und mit Mehl bestäuben.

In einem Schmortopf 2 EL Olivenöl erhitzen und die Fleischstücke darin kräftig anbraten. Fleisch herausnehmen und restliches Öl, Möhren, Zwiebel- und Knoblauchwürfel hineingeben und kurz anbraten.

Tomaten mit einem langen scharfen Messer direkt in der Dose etwas zerkleinern. Tomaten mit der Flüssigkeit und den Traubensaft zum Gemüse geben. Aufkochen lassen und die Fleischstücke hineinlegen. Die Fenchelstücke darauf legen, salzen und zugedeckt im vorgeheizten Backofen bei 220 Grad, Umluft 200 Grad, Gas Stufe 5 etwa 75 Minuten schmoren lassen.

Den Eintopf mit Salz und Pfeffer würzen. Nach Belieben Fenchelgrün hacken und vor dem Servieren darüber streuen.

Pro Portion ca. 690 Kcal, 42 g Eiweiß, 48 g Fett, 20 g Kohlenhydrate

Fertig in 1 Stunde 45 Minuten

Dazu: Penne- oder Farfalle-Nudeln

TIPP

Falls Sie noch keinen jungen Knoblauch bekommen: Knoblauchzehen schälen, einmal längs durchschneiden und die grünen Keime entfernen – der Geschmack ist dann milder.

Hühnersuppe mit Eierstich

Für 5 Portionen / braucht etwas Zeit

Hühnersuppe: 1 Suppenhuhn (ca. 1,5 kg), 1 kleines Bund Suppengrün, 1 Fleischtomate, 1 Zwiebel, Salz, 5 Pfefferkörner;
Eierstich: 2 Eier, 1/8 l Milch, Salz, frisch geriebene Muskatnuss, etwas Fett für die Tassen; 2 Möhren, 150 g TK-Erbsen, 2 Stängel glatte Petersilie

TIPP

Eierstich gibt's fertig in kleinen Dosen zu kaufen.

VARIANTE

Als Einlage passen auch Reis, feine Grießnocken, Suppennudeln oder Brotklößchen.

Hühnersuppe: Das Huhn von außen und innen abspülen. Das Suppengrün putzen und grob würfeln, Tomate halbieren. Die Zwiebel mit Schale halbieren und mit den Schnittflächen nach unten in einem großen Topf ohne Fett braun rösten.

Das Huhn, das vorbereitete Suppengrün, Tomatenhälften, 1 1/2 l kaltes Wasser, Salz und Pfefferkörner zur Zwiebel geben und aufkochen. Bei kleiner Hitze zugedeckt etwa 90 Minuten kochen lassen.

Eierstich: Eier, Milch, Salz und etwas Muskat verquirlen und in 2 gefettete Tassen mit geraden Wänden geben. Tassen in einen Topf mit siedendem Wasser stellen und die verquirlte Eimischung abgedeckt bei kleiner Hitze in etwa 20 bis 25 Minuten fest werden lassen. Ganz abkühlen lassen, Eierstich mit einem Messer vom Rand lösen, stürzen und würfeln.

Das Huhn aus der Brühe nehmen und etwas abkühlen lassen. Brühe durch ein feines Sieb gießen und aufkochen. Möhren schälen, in feine Streifen schneiden, zusammen mit den Erbsen in die kochende Brühe geben und 5 Minuten kochen.

Das Hühnerfleisch von Haut und Knochen lösen, in mundgerechte Stücke teilen und zusammen mit dem Eierstich wieder in die Suppe geben. Mit Salz und Muskat abschmecken. Petersilienblättchen in die Suppe streuen und servieren.

Pro Portion ca. 540 Kcal, 63 g Eiweiß, 29 g Fett, 7 g Kohlenhydrate

Fertig in 2 Stunden

Saté-Spieße mit Erdnuss-Soße

Für 4 Portionen / braucht etwas Übung

600 g möglichst dünne Putenschnitzel (wie für Rouladen), Öl zum Braten;

Erdnuss-Soße: 150 g Erdnussbutter, 160 ml Hühnerbrühe, 2 EL Sojasoße, 2 EL flüssiger Honig, 1–2 EL Limettensaft, etwas Tabasco oder Cayennepfeffer, 200 ml Kokoscreme (aus der Dose), Salz, evtl. Chilischote zum Garnieren

Das Fleisch abspülen, trockentupfen und der Länge nach in etwa 2 cm breite Streifen schneiden.

Erdnuss-Soße: Erdnussbutter, aufgekochte und etwas abgekühlte Hühnerbrühe, Sojasoße, Honig, Limettensaft und Tabasco verrühren. Die Putenfleischstreifen in die Soße geben und für mindestens 1 Stunde (oder über Nacht) ziehen lassen.

Die Fleischstreifen aus der Soße nehmen und wellenförmig auf lange Holzspieße stecken. Das Öl in einer Pfanne erhitzen und die Spieße darin portionsweise bei mittlerer Hitze von jeder Seite etwa 2 bis 3 Minuten braten. Die Erdnuss-Soße mit der Kokoscreme etwa 5 Minuten kochen lassen und mit Salz und etwas Tabasco abschmecken. Erdnuss-Soße mit den Saté-Spießen servieren.

Pro Portion ca. 470 Kcal, 47 g Eiweiß, 25 g Fett, 14 g Kohlenhydrate

Ohne Wartezeit fertig in 30 Minuten

Dazu: Reis und Gurkensalat

TIPPS

Die Temperatur beim Braten nicht zu hoch stellen, durch das Marinieren kann das Fleisch schnell verbrennen und dunkel werden.

» Nervig, wenn das Fleisch an den Spießen festklebt. «

Ich öle die Holzspieße gut ein, bevor ich das Fleisch darauf stecke. Nach dem Braten lässt es sich dann leichter herunterziehen.

Erdbeerkaltschale mit Melone

Für 4 Portionen / einfach / mit Alkohol

1/2 unbehandelte Zitrone, 500 g Erdbeeren, 1/2 l Apfelsaft, 1/8 l Roséwein, 4 EL Zucker, 1/2 Ogenmelone, 2 Stängel Minze

Zitrone heiß abspülen und die Schale mit einem Sparschäler dünn abschälen, Zitrone auspressen. Erdbeeren abspülen, putzen und halbieren. Erdbeeren und Apfelsaft mit dem Stabmixer pürieren. Zitronenschale dazugeben und alles einmal kurz aufkochen. Die Zitronenschale entfernen und die Mischung durch ein feines Sieb streichen.

Erdbeer-Apfelsaft-Mischung mit dem Roséwein mischen und mit Zucker und Zitronensaft abschmecken. Kalt stellen.

Die Melone schälen und die Kerne mit einem Teelöffel herauskratzen. Melone in dünne Scheiben schneiden. Minze abspülen, trockenschütteln und die Blätter abzupfen. Blätter in feine Streifen schneiden und auf die Melonenscheiben streuen. Für mindestens 1 Stunde kalt stellen. Die Erdbeerkaltschale auf Teller füllen und die Melonenscheiben hineinlegen.

Pro Portion ca. 250 Kcal, 2 g Eiweiß, 1 g Fett, 50 g Kohlenhydrate

Ohne Wartezeit fertig in 30 Minuten

TIPPS

Wenn die Erdbeerkörnchen Sie nicht stören, brauchen Sie das Püree nicht durchs Sieb zu streichen.

» An heißen Tagen schenken wir uns das Hauptgericht. «

Im Sommer koche ich mittags gern Milchreis und verwende die Kaltschale als Soße; ein tolles, leichtes, kaltes Mittagessen.

VARIANTEN

Die Kaltschale schmeckt auch mit Himbeeren oder Heidelbeeren.

Für Kinder mit Traubensaft zubereiten.

TIPPS

Die Dolden gibt's nicht zu kaufen, Sie müssen sie selber pflücken. Achtung: Wenn die Büsche an stark befahrenen Straßen stehen, sind die Blüten von den Autoabgasen belastet.

Noch schöner werden die Küchlein, wenn Sie etwas Pfannkuchenteig in die Pfanne geben und eine ganze Holunderdolde mit den Blüten nach unten in den flüssigen Teig tauchen. Den Pfannkuchen bei kleiner Hitze von einer Seite so lange backen, bis der Teig fest ist, und dann mit der ganzen Dolde servieren. Beim Essen die dickeren Stängel abschneiden.

Holler-Apfelküchlein

Für 15 Stück / einfach

Pfannkuchenteig: 2 Eier, 1/8 l Milch, 1 Päckchen Vanillezucker, 1 TL Zucker, Salz, 90 g Mehl;
6 große Holunderblütendolden, 2 kleine säuerliche Äpfel (z. B. Cox Orange),
Butter oder Margarine zum Braten, Puderzucker,
evtl. 1 Holunderblütendolde zum Verzieren

Pfannkuchenteig: Eier, Milch, Vanillezucker, Zucker, 1 Prise Salz und Mehl mit einem Schneebesen zu einem glatten Teig verrühren und etwa 15 Minuten quellen lassen.

Die Dolden etwas schütteln, um eventuell vorhandene kleine Käfer herauszuschütteln. Die kleinen Blüten der Holunderdolden mit einer Schere abschneiden. Äpfel schälen, vierteln und die Kerngehäuse herausschneiden. Die Apfelviertel auf einem Gemüsehobel in sehr dünne Scheiben hobeln.

Blüten und Apfelscheiben unter den Teig rühren. Etwas Fett in einer Pfanne bei mittlerer Hitze schmelzen lassen. Mit einem Esslöffel etwas Teig hineingeben und handtellergroß verstreichen. Nur so viele Küchlein in die Pfanne geben, dass sie sich nicht berühren. Von jeder Seite etwa 2 Minuten goldbraun braten. Mit Puderzucker bestreuen und eventuell mit einer frischen Holunderdolde servieren.

Pro Stück ca. 100 Kcal, 2 g Eiweiß, 6 g Fett, 8 g Kohlenhydrate

Fertig in 50 Minuten

Dazu: Vanille-Eiscreme oder Vanillesoße

VARIANTE

»Hollerblüten« gibt es nur eine kurze Zeit. Die Küchlein schmecken auch mit Lavendelblüten, Rosenblättern, Rosinen oder gehackten Mandeln.

Rhabarber-Mandel-Tarte

Für 8 Stücke / einfach

Teig: 160 g Mehl und Mehl zum Ausrollen, 85 g kalte Butter und Fett für die Form, 1 Eigelb, 75 g Marzipan-Rohmasse, 1 TL Zucker, 1 Messerspitze gemahlener Zimt, 1 Prise Salz;

Belag: 600 g Rhabarber, 1 EL geschälte Mandeln, 2 EL Zucker; evtl. 3 EL brauner Zucker

Teig: Alle Zutaten und 2 bis 3 EL kaltes Wasser zunächst mit den Knethaken des Handrührers, dann mit den Händen zu einem glatten Teig verkneten. Abgedeckt für 30 Minuten kalt stellen.

Belag: Rhabarber putzen, abspülen und in etwa 2 cm lange Stücke schneiden. Mandeln in einer Pfanne ohne Fett goldbraun rösten. Zucker gleichmäßig auf dem Boden einer gefetteten Tarteform (26 cm Ø) streuen und unter dem vorgeheizten Grill im Backofen karamellisieren lassen. Form wieder aus dem Backofen nehmen.

Mandeln und Rhabarberstücke auf dem Formboden verteilen. Den Teig auf wenig Mehl in Größe der Form ausrollen und auf den Rhabarber legen. Überstehende Teigränder abschneiden. Im vorgeheizten Backofen bei 200 Grad, Umluft 180 Grad, Gas Stufe 4 etwa 25 Minuten goldgelb backen.

Die Tarte noch warm auf eine Platte stürzen. Nach Geschmack mit braunem Zucker bestreuen.

Pro Stück ca. 280 Kcal, 4 g Eiweiß, 15 g Fett, 32 g Kohlenhydrate

Ohne Wartezeit fertig in 1 Stunde 15 Minuten

Dazu: halb steif geschlagene Sahne

INFO

Das Rezept ist eine Variante des französischen Klassikers »Tarte tatin«. Das Original wird mit Apfelvierteln und ohne Marzipan zubereitet.

»Ja, es ist Marzipan drin, aber das muss man ja nicht gleich sehen.«

Das Marzipan schneide ich immer in sehr kleine Würfel oder in dünne Scheiben, dann lässt es sich einfacher unter den Teig kneten und es gibt keine Klümpchen.

» ***Wann gibt's denn mal wieder das tolle Eis?*** **«,**

fragen die Kinder. Deshalb hat dieses Dessert bei uns das ganze Jahr Saison. Je nach Angebot gibt's dazu Himbeeren, Aprikosen, Feigen oder Zwetschgenkompott.

» ***Unsere Gäste wollen wissen, ob wir neue Gläser haben.*** **«**

Ein paar Stunden vor dem Servieren stelle ich die Gläser für Eis und Erdbeeren in den Tiefkühler, dann beschlagen sie und das Dessert sieht noch raffinierter aus.

Zitronensofteis mit Erdbeeren

Für 4 Portionen / einfach / schnell

750 ml Vanille-Eiscreme, 2 Zitronen, 500 g Erdbeeren,
1 Päckchen Vanillezucker, 2 EL Orangensaft

Die Vanille-Eiscreme in eine große Rührschüssel geben und etwa 25 Minuten antauen lassen.

Inzwischen den Saft der Zitronen auspressen. Erdbeeren abspülen, putzen und halbieren oder vierteln. Früchte mit Vanillezucker und Orangensaft mischen und kurz durchziehen lassen.

Vanille-Eiscreme mit den Quirlen des Handrührers cremig schlagen, dabei langsam den Zitronensaft unterrühren. Das Softeis und die Erdbeeren in Gläser schichten und sofort servieren.

Pro Portion ca. 355 Kcal, 7 g Eiweiß, 14 g Fett, 46 g Kohlenhydrate

Fertig in 30 Minuten

TIPP

Nur so viel Eis zubereiten, wie auch wirklich gebraucht wird. Das Softeis können Sie nicht wieder einfrieren, es wird dann »eisig« und kristallisiert.

Rhabarber-Buttermilch-Kuchen vom Blech

Für 20 Stücke / braucht etwas Übung / braucht etwas Zeit

Hefeteig: 200 ml Buttermilch, 100 g Butter oder Margarine, 1 Würfel Hefe (42 g), 400 g Mehl und Mehl zum Bearbeiten, 60 g Zucker, Salz, 1 Ei;

Belag: 800 g Rhabarber, 250 g Schlagsahne, 100 ml Milch, 3 Eier, 120–140 g Zucker, 2 Päckchen Sahnepuddingpulver, 3–4 EL Zucker, 2 EL Puderzucker zum Bestreuen

Hefeteig: Die Buttermilch leicht erwärmen, das Fett darin schmelzen und lauwarm abkühlen lassen. Die Hefe grob zerbröseln und in der lauwarmen Buttermilch auflösen.

Mehl, Zucker und 1 Prise Salz in eine Rührschüssel geben. Hefemilch und Ei dazugeben und alles mit den Knethaken des Handrührers zu einem glatten Teig verkneten. Teig abgedeckt an einem warmen Ort etwa 30 Minuten gehen lassen.

Belag: Den Rhabarber abspülen, putzen und schräg in etwa 1 bis 2 cm breite Stücke schneiden. Den Hefeteig nochmals mit den Händen auf etwas Mehl kräftig durchkneten und in Größe der Fettpfanne des Backofens ausrollen. Teig in die mit Backpapier ausgelegte Fettpfanne legen und einen etwa 2 cm hohen Rand formen.

Rhabarber auf dem Teig verteilen. Sahne, Milch, Eier, 60 g Zucker und Puddingpulver verrühren und über den Rhabarber gießen. Im vorgeheizten Backofen bei 180 Grad, Umluft 160 Grad, Gas Stufe 3 etwa 40 Minuten backen. Aus dem Ofen nehmen, mit restlichem Zucker bestreuen und abkühlen lassen. Kurz vor dem Servieren mit Puderzucker bestreuen.

Pro Stück ca. 230 Kcal, 5 g Eiweiß, 10 g Fett, 30 g Kohlenhydrate

Ohne Wartezeit fertig in 1 Stunde 35 Minuten

Dazu: Schlagsahne

TIPPS

Hefekuchen und -gebäck schmecken ganz frisch und noch leicht warm am besten. Darum den Kuchen möglichst direkt vor dem Essen backen.

» Ein kaltes Ei in den Hefeteig? Das wird nichts. «

Für Hefeteig sollten alle Zutaten etwa Zimmertemperatur haben – auch das Ei. Wenn ich vergessen habe, es rechtzeitig aus dem Kühlschrank zu nehmen, lege ich es für 5 bis 10 Minuten in lauwarmes Wasser.

Mandelring mit Erdbeeren

Für 10 Portionen / einfach / mit Alkohol

15 Blatt weiße Gelatine, 100 g gehackte Mandeln, 1 Päckchen Vanillezucker,
1 l Milch, 200 g Marzipan-Rohmasse, 75 g Zucker, 500 g Schlagsahne;
500 g Erdbeeren, 2–3 EL Mandellikör

Die Gelatine in kaltem Wasser einweichen. Mandeln in einer Pfanne ohne Fett goldbraun rösten, herausnehmen und abkühlen lassen. Vanillezucker, Milch, Marzipan und Zucker mit dem Stabmixer fein pürieren.

Gelatine ausdrücken, bei kleiner Hitze langsam auflösen und etwas von der Marzipanmilch unter die Gelatine rühren. Gelatinemischung unter die restliche Milch rühren und kalt stellen.

Sahne steif schlagen. Sobald die Milch anfängt, fest zu werden, Sahne und die Hälfte der gerösteten Mandeln unterrühren. Creme in eine Kranzform (2 l Inhalt) füllen und für mindestens 4 Stunden, besser über Nacht, kalt stellen.

Kranzform kurz in heißes Wasser tauchen und die Mandelcreme auf eine große Platte stürzen. Erdbeeren abspülen, putzen und große Früchte eventuell halbieren oder vierteln. Früchte in den Ring füllen und mit Likör beträufeln. Restliche Mandeln darüber streuen.

Pro Portion ca. 435 Kcal, 12 g Eiweiß, 31 g Fett, 26 g Kohlenhydrate

Ohne Wartezeit fertig in 1 Stunde

TIPP

Erdbeeren am besten in einer Schüssel mit lauwarmem Wasser vorsichtig abspülen. So lösen sich eventuelle Rückstände von Pflanzenschutzmitteln am besten. Nicht abbrausen oder unter fließendem Wasser abspülen, dann werden die Früchte schnell matschig. Die Kelchblätter der Erdbeeren erst nach dem Abspülen abschneiden.

Quarkauflauf mit Mohnsoße

Für 6 Portionen / einfach

Auflauf: 1 Glas Sauerkirschen (350 g Abtropfgewicht), 3 Eier, 100 g Zucker, 2 Päckchen Vanillezucker, 500 g Sahnequark (40 % Fett), 4 EL Grieß, 2 gestrichene TL Backpulver, 1 EL Speisestärke, 1 EL Puderzucker; **Mohnsoße:** 1/2 l Milch, 1 Päckchen Vanillesoßenpulver, 2 EL Zucker, 2–3 EL backfertige Mohnmischung (Mohnback)

TIPP

Als Hauptgericht reicht der Auflauf für 3 Personen.

Auflauf: Die Kirschen abtropfen lassen. Eier, Zucker und Vanillezucker mit den Quirlen des Handrührers 8 bis 10 Minuten cremig schlagen. Den Quark unterrühren. Grieß, Backpulver und Stärke mischen und ebenfalls unterheben.

Die Quarkmasse in eine ofenfeste Form füllen. Die abgetropften Kirschen darüber streuen. Im vorgeheizten Backofen bei 200 Grad, Umluft 180 Grad, Gas Stufe 4 etwa 30 bis 40 Minuten backen. Aus dem Ofen nehmen und mit Puderzucker bestäuben.

Mohnsoße: Etwa 4 EL Milch und das Soßenpulver verrühren. Restliche Milch und Zucker aufkochen. Das verrührte Soßenpulver einrühren, nochmals aufkochen lassen und von der Kochstelle nehmen. Den Mohn unterrühren und die Soße heiß oder kalt zum Auflauf servieren.

Pro Portion ca. 430 Kcal, 18 g Eiweiß, 18 g Fett, 47 g Kohlenhydrate

Fertig in 1 Stunde

2 KAPITEL

Sommer

Knackfrisches direkt aus dem Garten

Wird das ein Sommer: Mittagspause unterm Sonnenschirm, laue Abende auf dem Balkon, Sonntagnachmittage im Freibad ... Zu essen gibt's was Leichtes, Würziges, einen Fisch vielleicht oder etwas Vegetarisches, dazu einen schönen Salat. Und zum Nachtisch Süßes aus frischen Früchten. Der Obstmann auf dem Markt hat bestimmt wieder was im Angebot.

Grüner Bohnensalat mit geräucherter Forelle

Für 4 Portionen / einfach

500 g grüne Bohnen, Salz, 1 unbehandelte Zitrone, 1/2 l Brühe,
2 rote Zwiebeln, 500 g geräucherte Forellenfilets, 1–2 TL grobkörniger Senf,
frisch gemahlener Pfeffer, Zucker, 6 EL Rapsöl

Die Bohnen putzen, abspülen und in Salzwasser 8 bis 10 Minuten kochen. Inzwischen die Zitrone heiß abspülen und trockentupfen. Die Zitronenschale in dünnen Streifen abschälen. Den Saft auspressen und mit der Brühe verrühren.

Die Bohnen abgießen und noch heiß in die Zitronenbrühe geben. Bohnen darin erkalten lassen.

Die Zwiebeln abziehen und in dünne Ringe schneiden. Die Forellenfilets in mundgerechte Stücke teilen.

Von der Zitronenmarinade der Bohnen etwa 6 EL abnehmen und mit Senf, Salz, Pfeffer und etwas Zucker verrühren. Das Öl mit einem Schneebesen darunter schlagen und eventuell mit etwas Zitronensaft abschmecken.

Die Bohnen abtropfen lassen und auf Teller verteilen. Forellenstückchen und Zwiebelringe mischen und neben den Bohnen anrichten. Die Marinade darüber gießen. Mit Zitronenschale bestreuen.

Pro Portion ca. 320 Kcal, 28 g Eiweiß, 19 g Fett, 8 g Kohlenhydrate

Ohne Wartezeit fertig in 30 Minuten

Dazu: kräftiges Schwarzbrot, Baguette oder Toast

INFO

Bohnen niemals roh essen! Frische grüne Bohnen enthalten Phasin, einen Eiweißstoff mit etwas Blausäure. Kochen (mindestens 3 bis 4 Minuten) zerstört dieses Gift.

VARIANTE

Der Salat schmeckt auch mit großen weißen Bohnen aus der Dose: Aus Brühe und 4 bis 5 EL Weißweinessig eine Marinade rühren und die weißen Bohnenkerne darin etwa 1 bis 2 Stunden marinieren lassen. Dann weiter wie beschrieben.

Kartoffelsalat mit Feta und Oliven

Für 4 Portionen / vegetarisch / einfach

600 g kleine neue Kartoffeln;

Soße: 1 Zitrone, 1 TL Sardellenpaste, 150 g Sahnejoghurt, 1/2 TL Salz, 4–5 EL Olivenöl, 1/2 Bund Dill, 1 EL Kapern, grob gemahlener schwarzer Pfeffer;

100 g Feta-Käse, je 1/2 Bund Minze und glatte Petersilie, 4–5 Lauchzwiebeln, 75 g entsteinte grüne Oliven

Kartoffeln gründlich abbürsten und in Wasser gut 25 Minuten kochen lassen.

Soße: Zitrone auspressen. Zitronensaft, Sardellenpaste, Joghurt und Salz verrühren. Das Olivenöl nach und nach unterrühren. Dill abspülen, trockenschütteln und fein schneiden. Dill, Kapern und groben Pfeffer unterrühren.

Kartoffeln abgießen, etwas abkühlen lassen, längs halbieren und mit der Soße mischen. Feta mit den Händen grob zerbröckeln. Minze und Petersilie abspülen, trockenschütteln und fein hacken. Lauchzwiebeln putzen, abspülen und in Ringe schneiden.

Feta, Kräuter und Lauchzwiebeln unter den Salat mischen. Eventuell noch 2 bis 3 EL Joghurt untermischen und den Salat mit Zitronensaft, Salz und Pfeffer abschmecken. Zugedeckt bei Zimmertemperatur etwa 1 Stunde durchziehen lassen.

Salat nochmals mit Zitronensaft, Salz und Pfeffer abschmecken. Oliven grob hacken und darüber streuen.

Pro Portion ca. 405 Kcal, 9 g Eiweiß, 30 g Fett, 23 g Kohlenhydrate

Ohne Wartezeit fertig in 45 Minuten

Dazu: gegrillter Fisch oder Fleisch

Tomaten-Kartoffel-Salat

Für 4 Portionen / vegetarisch / einfach / schnell

400 g kleine Kartoffeln, 4 EL Olivenöl,
500 g feste Strauchtomaten (am besten die Sorte »Roma«), 2 Knoblauchzehen,
2 EL Apfelsaft, 2 EL Balsamessig, Salz, frisch gemahlener Pfeffer,
je 1/2 Bund Basilikum, Oregano und glatte Petersilie, 80 g Crème fraîche

Die Kartoffeln gründlich abbürsten und ungeschält halbieren. Ein Backblech mit 1 EL Öl bestreichen und die Kartoffeln mit der Schnittfläche nach unten darauf legen. 2 EL Öl darauf streichen und im vorgeheizten Backofen bei 200 Grad, Umluft 180 Grad, Gas Stufe 4 etwa 15 Minuten backen, bis die Kartoffeln weich sind.

Tomaten abspülen und vierteln, dabei die Stängelansätze herausschneiden. Knoblauch abziehen und fein hacken. Restliches Öl, Apfelsaft, Balsamessig, Knoblauch, Salz und Pfeffer verrühren. Kräuter abspülen, trockenschütteln und hacken.

Kartoffeln mit Salz und Pfeffer würzen. Kartoffeln, Tomaten, gehackte Kräuter und Soße vorsichtig mischen. Crème fraîche glatt rühren, mit etwas Salz und Pfeffer würzen und kurz vor dem Servieren über den Salat geben.

Pro Portion ca. 230 Kcal, 4 g Eiweiß, 16 g Fett, 17 g Kohlenhydrate

Fertig in 30 Minuten

Dazu: wahlweise Käsewürfel, gegrillter Fisch oder Fleisch, Schinken, geräucherte Putenbrust, Kasseler

TIPPS

Der Salat schmeckt am besten, wenn die Kartoffeln noch etwas warm sind.

» Ich mag's gern schön pikant. «

Deshalb gebe ich zur Salatsoße aus Essig und Öl häufig noch 1 bis 2 TL körnigen Senf. Die Soße bindet dann besser und bekommt einen kräftigen, leicht scharfen Geschmack.

Couscous-Salat mit Zucchini und Joghurt

Für 6 Portionen / vegetarisch

Avocado-Joghurt: 1 kleine Zwiebel, 1 reife Avocado (ca. 200 g), 2 EL Zitronensaft, 200 g Magermilchjoghurt, 2–3 EL Mineralwasser, Salz, etwas Tabasco;
Couscous: 150 g Instant-Couscous (Getreidegrütze), 1 TL getrocknete Minze (evtl. aus einem Teebeutel), etwa 150 ml Gemüsebrühe, 2 EL Zitronensaft, 3–4 EL Pinien- oder Sonnenblumenkerne, 600 g Zucchini, 400 g Tomaten, 2 EL Olivenöl, 1/2 Bund Thymian oder 1 TL getrockneter Thymian, Salz, frisch gemahlener Pfeffer

Avocado-Joghurt: Zwiebel abziehen und sehr fein würfeln. Avocado halbieren, entsteinen und das Fruchtfleisch mit einem Löffel herauslösen. Mit Zitronensaft beträufeln und das Fruchtfleisch mit dem Stabmixer pürieren. Joghurt, Mineralwasser und Zwiebel unterrühren und mit Salz und Tabasco abschmecken. Kalt stellen.

Couscous: Couscous und Minze in eine tiefe Schüssel geben. Brühe und Zitronensaft mischen, darüber träufeln und den Couscous nach Packungsanweisung ausquellen lassen.

Pinienkerne in einer Pfanne ohne Fett goldbraun rösten, herausnehmen und abkühlen lassen. Zucchini putzen, abspülen und in dicke Stifte schneiden. Tomaten abspülen und in etwa 1 cm dicke Scheiben schneiden.

Olivenöl in einer großen Pfanne erhitzen und die Zucchinistifte darin unter Rühren etwa 5 Minuten goldgelb anbraten. Den Thymian abspülen, trockenschütteln, Blättchen abzupfen und über die Zucchini streuen. Mit Salz und Pfeffer würzen.

Zucchini, Tomaten, Pinienkerne und Couscous mischen und mit Salz, Pfeffer und Zitronensaft abschmecken. Zusammen mit dem Avocado-Joghurt servieren.

Pro Portion ca. 285 Kcal, 8 g Eiweiß, 15 g Fett, 27 g Kohlenhydrate

Fertig in 35 Minuten

Blattsalat mit warmem Speck-Dressing

Für 2 Portionen / einfach / schnell

1 kleiner Kopf Römersalat oder 1/2 Eisbergsalat, 2 frische Eier, 2 EL Rotweinessig, Salz, frisch gemahlener Pfeffer, 50 g Frühstücksspeck (Bacon), etwas Zitronensaft

Den Salat putzen und die Blätter abspülen. Blätter in mundgerechte Stücke zupfen oder schneiden.

Die Eier in einer Schüssel mit einer Gabel schaumig schlagen. 2 EL Wasser, Essig, Salz und Pfeffer unterrühren.

Den Speck in etwa 1 cm breite Streifen schneiden. Speckstreifen in einer Pfanne bei kleiner Hitze langsam ausbraten und lauwarm abkühlen lassen. Verquirlte Eier dazugießen und alles langsam erhitzen, bis die Mischung leicht dicklich wird.

Speck-Dressing mit dem Zitronensaft abschmecken und über den Salat geben. Sofort servieren.

Pro Portion ca. 195 Kcal, 13 g Eiweiß, 14 g Fett, 3 g Kohlenhydrate

Fertig in 30 Minuten

Dazu: ein kräftiges Vollkornbrot oder Pumpernickel

TIPPS

Die Eier sollten ganz frisch sein, weil sie für das Dressing nicht völlig durchgaren.

Das Dressing nicht zu hoch erhitzen, sonst wird Rührei draus!

VARIANTE

Vegetarisch wird's, wenn Sie statt Speck 2 EL Sonnenblumenkerne nehmen. 1/2 Bund Schnittlauch in feine Röllchen schneiden und über den Salat streuen.

Minestrone

Für 6 Portionen / einfach

350 g geräucherter durchwachsener Speck, 1 große Zwiebel, 2 Knoblauchzehen,
500 g Wirsing- oder Weißkohl, 375 g Kartoffeln, 2 1/2 l Gemüsebrühe,
2 kleine Zucchini, 250 g Tomaten, 100 g Rädchen-Nudeln (oder andere kurze Nudeln),
4 EL Tomatenmark, Salz, frisch gemahlener Pfeffer, 3 Stängel glatte Petersilie,
50 g Parmesan- oder Pecorino-Käse

» Abwechslung muss sein, finde ich. «

Deshalb koche ich diese Suppe je nach Angebot auch mit Paprika, Brokkoli, Erbsen, Fenchel, Porree oder Möhren – das Gemüse lässt sich beliebig austauschen. Nudeln, Tomaten und Tomatenmark müssen aber unbedingt hinein!

Den Speck in kleine Würfel schneiden. Zwiebel und Knoblauch abziehen und fein würfeln. Wirsingkohl putzen und in 4 bis 5 cm lange Streifen schneiden. Kartoffeln schälen und würfeln.

Die Speckwürfel in einem großen Topf bei kleiner Hitze langsam knusprig ausbraten. Kohlstreifen dazugeben und bei starker Hitze kräftig andünsten, dabei häufig wenden. Zwiebel- und Knoblauchwürfel dazugeben und mitdünsten. Kartoffelwürfel zufügen. Die Brühe dazugießen und alles ohne Deckel etwa 15 Minuten kochen lassen.

Inzwischen die Zucchini putzen, abspülen und in Scheiben schneiden. Tomaten an der runden Seite kreuzweise einritzen und für etwa 5 Sekunden in kochendes Wasser legen. Tomaten unter kaltem Wasser abspülen und die Haut abziehen. Tomaten vierteln und entkernen.

Zucchini und Nudeln zur Suppe geben und weitere 10 Minuten kochen. Tomatenviertel und Tomatenmark dazugeben und einmal aufkochen lassen. Mit Salz und Pfeffer abschmecken.

Petersilie abspülen, trockenschütteln und die Blättchen in feine Streifen schneiden. Parmesan grob raspeln und zusammen mit der Petersilie über die Suppe streuen.

Pro Portion ca. 375 Kcal, 20 g Eiweiß, 21 g Fett, 25 g Kohlenhydrate

Fertig in 1 Stunde 15 Minuten

Dazu: Weißbrot beziehungsweise Baguette, mit Olivenöl beträufelt und aufgebacken

Syrische Auberginenpaste

Für 4 Portionen / vegetarisch

Paste: 3 kleine Auberginen (ca. 650 g), 1 Knoblauchzehe, 200 g Vollmilchjoghurt, Salz, 3–4 EL Tahin (Sesampaste; türkisches Lebensmittelgeschäft);

Verzierung: 1 Tomate, 1/2 TL Rosenpaprikapulver, 1–2 EL Olivenöl, 2 Stängel glatte Petersilie

Paste: Die Auberginen abspülen, trockentupfen und der Länge nach mit einem spitzen Messer mehrmals etwa 1 cm tief einritzen. Die Auberginen im vorgeheizten Backofen bei 220 Grad, Umluft 200 Grad, Gas Stufe 5 etwa 45 Minuten backen: Sie sollen weich sein, wenn man hineinpikst.

Auberginen abkühlen lassen und die dunkle Haut abziehen. Die Knoblauchzehe abziehen. Auberginenfruchtfleisch, Knoblauch, Joghurt und Salz in einen Mixer geben oder mit dem Stabmixer pürieren. Tahin dazugeben, kurz unterrühren und nochmals mit Salz kräftig abschmecken.

Verzierung: Die Auberginenpaste auf einen Teller streichen und mit einem Löffel Wellen hineindrücken. Die Tomate abspülen, trockentupfen und mit einem scharfen Messer spiralförmig schälen. Die Schale zu einer Rose zusammenrollen. Etwas Paprikapulver über die Paste stäuben und das Olivenöl darüber träufeln. Mit der Tomatenrose und Petersilienblättchen verzieren.

Pro Portion ca. 165 Kcal, 7 g Eiweiß, 11 g Fett, 9 g Kohlenhydrate

Ohne Wartezeit fertig in 1 Stunde

Dazu: Fladenbrot

TIPP

Die fertige Paste hält sich im Kühlschrank gut verschlossen etwa 3 Tage.

Kabeljau in Tomaten-Sugo

Für 4 Portionen / braucht etwas Übung

1 kg reife Flaschentomaten, 2 Knoblauchzehen, 1 kleine Zwiebel,
100 g geräucherter durchwachsener Speck, 1 Stange Porree, 2 EL Olivenöl,
Salz, frisch gemahlener Pfeffer, 1 EL Honig, Edelsüß-Paprikapulver,
1/2 Bund frischer oder 1/2–1 TL getrockneter Thymian,
4 Kabeljaukoteletts (à ca. 200 g), 1 unbehandelte Zitrone, 1/2 Bund glatte Petersilie

TIPP

Statt reifer Flaschentomaten kann man auch geschälte Tomaten aus der Dose nehmen: Auf einem Sieb kurz abtropfen lassen und einmal durchschneiden. Mit der Flüssigkeit wie beschrieben in den Bräter geben.

Tomaten auf der Unterseite kreuzweise einritzen, für 5 bis 10 Sekunden in kochendes Wasser legen, dann kalt abspülen. Tomaten häuten, vierteln, die Stängelansätze entfernen und das Fruchtfleisch in grobe Stücke teilen. Die Kerne mit der Flüssigkeit durch ein Sieb streichen.

Knoblauch und Zwiebel abziehen und fein hacken. Speck würfeln, Porree putzen, abspülen und in Ringe schneiden. Das Öl in einem großen Bräter erhitzen. Speck, Knoblauch und Zwiebel darin langsam bei kleiner Hitze glasig dünsten. Den Porree dazugeben und anbraten.

Tomatenstücke und -flüssigkeit dazugeben und mit Salz, Pfeffer, Honig und Paprikapulver würzen. Thymian abspülen, trockenschütteln und die Blätter abzupfen. Thymian dazugeben und alles aufkochen lassen.

Die Kabeljaukoteletts abspülen, trockentupfen und mit Salz und Pfeffer würzen. Koteletts zwischen die Tomatenstücke legen und im vorgeheizten Backofen bei 180 Grad, Umluft 160 Grad, Gas Stufe 3 etwa 20 bis 30 Minuten garen.

Die Zitrone heiß abspülen, trockentupfen und die Schale in feinen Streifen abschälen. Petersilie abspülen, trockenschütteln und grob hacken. Zitronenschale und Petersilie mischen und vor dem Servieren über den Fisch streuen.

Pro Portion ca. 340 Kcal, 42 g Eiweiß, 14 g Fett, 10 g Kohlenhydrate

Fertig in 1 Stunde 15 Minuten

Dazu: Baguette oder Polenta

Gratinierte Orecchiette mit Kabeljau

Für 2 Portionen / einfach

200 g Kabeljaufilet, Salz, frisch gemahlener Pfeffer, 3 EL Zitronensaft,
300 g Fenchel, 1 EL Öl, 150 g Orecchiette-Nudeln (Penne- oder Farfalle-Nudeln),
2 Knoblauchzehen, 75 g Schlagsahne, 75 ml Milch,
1 TL gemahlenes Kurkuma oder mildes Currypulver, 40 g Parmesan-Käse,
1/2 Bund Schnittlauch zum Bestreuen, Fett für die Förmchen

Das Fischfilet mit kaltem Wasser abspülen und trockentupfen. Fisch in mundgerechte Stücke teilen, mit Salz und Pfeffer würzen und mit dem Zitronensaft beträufeln. Abdecken und etwa 15 Minuten ziehen lassen.

Den Fenchel putzen, abspülen, längs halbieren und in feine Streifen schneiden. Das Öl erhitzen, die Fenchelstreifen darin glasig dünsten und mit der Zitronenmarinade vom Fisch beträufeln.

Nudeln in reichlich kochendem Salzwasser nach Packungsanweisung bissfest kochen. Nudeln abtropfen lassen, mit dem Fenchel mischen und auf 2 ofenfeste, gefettete Portionsförmchen verteilen. Die Fischstücke darauf legen.

Die Knoblauchzehen abziehen und fein hacken. Knoblauch, Sahne, Milch und Kurkuma verrühren. Die Mischung über Fisch und Nudeln gießen. Käse fein reiben und darüber streuen.

Im vorgeheizten Backofen bei 200 Grad, Umluft 180 Grad, Gas Stufe 4 etwa 12 bis 15 Minuten goldbraun backen. Schnittlauch abspülen, trockenschütteln, in feine Röllchen schneiden und kurz vor dem Servieren darüber streuen.

Pro Portion ca. 670 Kcal, 40 g Eiweiß, 28 g Fett, 63 g Kohlenhydrate

Fertig in 45 Minuten

Dazu: grüner Blattsalat

INFO

Kurkuma ist die getrocknete Wurzel einer besonderen Ingwerpflanze. Das Pulver färbt kräftig gelb und ist Bestandteil vom Currypulver. Das Aroma von purem Kurkuma ist eher schwach.

Schollenfiletröllchen mit Gurkenragout

Für 4 Portionen / braucht etwas Übung

4 große Schollenfilets (ca. 600 g), Salz, frisch gemahlener Pfeffer, 1 Zitrone, 2 TL mittelscharfer Senf, 8 Scheiben Frühstücksspeck (Bacon), 1/4 l Gemüsebrühe, 1 kleine Zwiebel, 20 g Butter oder Margarine, 20 g Mehl, 3 EL Crème fraîche, 1 1/2 EL mittelscharfer Senf, 1 EL körniger Senf, 1 große Salatgurke, 1/2 Bund Dill

TIPP

Wenn Sie nur kleine Schollenfilets bekommen, legen Sie jeweils lediglich 1 Scheibe oder 1 kleines Stück Frühstücksspeck auf den Fisch. Filets wie beschrieben aufrollen und die Garzeit auf insgesamt etwa 8 Minuten verkürzen.

Die Schollenfilets abspülen, trockentupfen und mit Salz und Pfeffer würzen. Zitrone auspressen. Schollenfilets mit etwas Zitronensaft beträufeln und den Senf darauf streichen. Je 2 Scheiben Frühstücksspeck auf die Filets legen und alles vorsichtig aufrollen. Mit Küchengarn wie ein Päckchen zusammenbinden.

Brühe erhitzen und die Schollenröllchen hineinlegen. Zugedeckt bei kleiner Hitze etwa 10 Minuten dünsten. Die Röllchen auf der ausgeschalteten Kochstelle weitere 5 Minuten gar ziehen lassen.

Zwiebel abziehen und hacken. Das Fett in einem Topf erhitzen und die Zwiebel darin glasig dünsten. Das Mehl dazugeben und unter Rühren andünsten. Die Schollenröllchen aus der Brühe nehmen und warm stellen. Brühe unter Rühren zum Mehl gießen und bei kleiner Hitze 5 Minuten kochen lassen. Crème fraîche und beide Senfsorten in die Soße rühren und weitere 5 Minuten kochen lassen.

Die Gurke eventuell schälen, längs halbieren und die Kerne mit einem Löffel herauskratzen. Gurke in etwa 2 mm dünne Scheiben schneiden und in die Senfsoße geben. Kurz erhitzen. Dill abspülen, trockenschütteln, fein schneiden und dazugeben. Gurkenragout mit Salz und Pfeffer würzen und die Schollenröllchen darauf anrichten.

Pro Portion ca. 430 Kcal, 36 g Eiweiß, 27 g Fett, 9 g Kohlenhydrate

Fertig in 45 Minuten

Dazu: Kartoffelpüree oder Reis

Gebratene Auberginen mit Tomatensoße

Für 2 Portionen / vegetarisch / schnell

Tomatensoße: 1 Zwiebel, 1 kleine Knoblauchzehe, 1 kleine Möhre, 1 EL Olivenöl, 350 g Tomatenstückchen (aus der Dose), 1 Packung TK-Italienische Kräuter (25 g), Salz, frisch gemahlener Pfeffer, Zucker;
Auberginen: 2 Auberginen (à 250 g), Salz, frisch gemahlener Pfeffer, 2 Eier, 50 g Semmelbrösel, 50 g geriebener Parmesan-Käse, 6–8 EL Olivenöl;
2–3 Stängel glatte Petersilie zum Bestreuen

Tomatensoße: Zwiebel und Knoblauch abziehen und fein hacken. Möhre schälen und sehr fein würfeln. Das Olivenöl in einem Topf erhitzen. Zwiebel, Knoblauch und Möhre darin unter Rühren andünsten.

Die Tomatenstückchen dazugeben und 5 Minuten unter Rühren kochen lassen. Die Kräuter einstreuen und die Soße mit Salz, Pfeffer und Zucker abschmecken.

Auberginen: Auberginen putzen und abspülen. Dann der Länge nach in etwa 1 cm dicke Scheiben schneiden und mit Salz und Pfeffer würzen. Eier in einen flachen Teller geben und mit einer Gabel verschlagen. Semmelbrösel und Parmesan mischen. Die Auberginenscheiben zunächst im verschlagenen Ei, dann in der Semmelbrösel-Käse-Mischung wenden.

Das Olivenöl in einer großen Pfanne portionsweise erhitzen und die Auberginenscheiben darin von jeder Seite goldbraun braten. Petersilie abspülen, trockenschütteln, die Blättchen abzupfen und in feine Streifen schneiden.

Auberginenscheiben und Tomatensoße anrichten und mit Petersilienstreifen bestreuen.

Pro Portion ca. 660 Kcal, 23 g Eiweiß, 49 g Fett, 31 g Kohlenhydrate

Fertig in 30 Minuten

Dazu: Baguette

›› Auberginen haben mir zu wenig Eigengeschmack. ‹‹

Deshalb würze ich die Auberginenscheiben und die Soße immer sehr kräftig, so wird's interessanter.

VARIANTE

Die Soße wird noch würziger, wenn Sie mit Zwiebel und Knoblauch 75 g Speckwürfel anbraten.

Kräuter-Polenta mit Tomaten

Für 3 Portionen / vegetarisch / einfach

Polenta: 150 ml Milch, 1/2 TL Salz, frisch geriebene Muskatnuss, 150 g Polenta (Maisgrieß), 5 große Blätter Salbei oder 1/2 TL getrockneter Salbei, 50 g frisch geriebener alter Gouda-Käse, Öl für das Blech;

Tomaten: 750 g Tomaten, 125 g alter Gouda-Käse, 1/2 Bund Salbei, Salz, frisch gemahlener Pfeffer, Fett für die Form, 20 g geriebener Parmesan-Käse, 40 g Butter

Polenta: Etwa 300 ml Wasser, Milch, Salz und etwas Muskat aufkochen. Polenta unter Rühren einstreuen und bei kleiner Hitze etwa 10 Minuten quellen lassen, dabei zwischendurch umrühren. Frischen Salbei hacken und zusammen mit dem Käse unter die Polenta rühren.

Den fertigen Polentabrei auf ein mit Öl bestrichenes Backblech geben und etwa 1/2 cm dick zu einem Rechteck verstreichen. Abkühlen lassen und in etwa 5 cm große Dreiecke schneiden.

Tomaten: Die Tomaten an der runden Seite kreuzweise einritzen und für etwa 5 Sekunden in kochendes Wasser legen. Unter kaltem Wasser abspülen und die Haut abziehen. Tomaten vierteln, die Stängelansätze dabei entfernen, Tomatenviertel entkernen und das Fruchtfleisch würfeln.

Den Käse grob raspeln. Salbei bis auf 6 bis 8 kleine Blätter in Streifen schneiden. Tomaten, Käse und Salbei mischen und mit Salz und grobem Pfeffer würzen. Polentaecken und Tomaten dachziegelartig in eine gefettete Auflaufform schichten. Den Parmesan darüber streuen. Im vorgeheizten Backofen bei 200 Grad, Umluft 180 Grad, Gas Stufe 4 etwa 20 bis 25 Minuten backen.

Butter in einer Pfanne erhitzen und die restlichen Salbeiblätter darin kross anbraten. Heiße Butter und Salbei kurz vor dem Servieren über die Polenta geben.

Pro Portion ca. 610 Kcal, 27 g Eiweiß, 35 g Fett, 46 g Kohlenhydrate

Fertig in 1 Stunde

Dazu: grüner Salat oder kurz gebratenes Fleisch

INFO

Polentabrei lässt sich mit verschiedenen Kräutern und Gewürzen unterschiedlich zubereiten und je nach Konsistenz auch formen. Reste schmecken in der Pfanne gebraten mit etwas brauner Butter sehr lecker.

TIPP

So können Sie die Polenta vorbereiten: Die Auflaufform fix und fertig befüllen und gut abgedeckt kalt stellen. In 30 Minuten kann das Essen dann auf den Tisch.

Bandnudeln mit Zitronenbällchen

Für 4 Portionen / braucht etwas Übung

Zitronenbällchen: 400 g Hähnchenbrustfilet, 200 g Schlagsahne, 1/2 unbehandelte Zitrone, Salz, frisch gemahlener Pfeffer, 1/2 TL gemahlener Anis;
Tomaten-Kräuter-Soße: 2 mittelgroße Zwiebeln, 2 Knoblauchzehen, 2 EL Olivenöl, 800 g Tomatenstückchen (aus der Dose), 1 kleiner Zweig Rosmarin, 3–4 Stängel frischer oder 1/2–1 TL getrockneter Oregano, 3–4 Stängel frisches oder 1/2–1 TL getrocknetes Basilikum, Zucker;
500 g breite Bandnudeln

Zitronenbällchen: Die Hähnchenfilets abspülen, trockentupfen und in kleine Würfel schneiden. Zusammen mit der Sahne für 15 Minuten in den Tiefkühler stellen.

Die Zitrone heiß abspülen, trockentupfen und die Schale fein abreiben; den Saft auspressen. Hähnchenfleisch im Blitzhacker oder mit dem Stabmixer pürieren, dabei langsam die eiskalte Sahne dazugeben. Zitronenschale, Salz, Pfeffer und Anis untermischen. Den Fleischteig kalt stellen.

Tomaten-Kräuter-Soße: Zwiebeln und Knoblauch abziehen. Zwiebeln in dünne Spalten schneiden, Knoblauch hacken. Das Öl in einem flachen weiten Topf oder einer Pfanne erhitzen. Zwiebeln und Knoblauch darin bei mittlerer Hitze langsam glasig dünsten. Tomatenstückchen und Rosmarin dazugeben und langsam aufkochen lassen.

Den Fleischteig in einen Spritzbeutel mit großer Lochtülle (1 cm Ø) geben. Teig in die kochende Tomatensoße drücken, dabei mit einem Messer so abschneiden, dass etwa walnussgroße Bällchen entstehen.

Bällchen bei kleiner Hitze etwa 10 Minuten in der Soße gar ziehen lassen. Solange die Klößchen noch nicht gar sind, die Soße nicht umrühren, sondern den Topf bei Bedarf nur etwas rütteln. Kräuter abspülen, hacken und unterrühren. Tomaten-Kräuter-Soße mit Salz, Pfeffer und 1 Prise Zucker abschmecken.

Nudeln in reichlich Salzwasser nach Packungsanweisung bissfest kochen. Auf einem Sieb kurz abtropfen lassen. Bandnudeln, Zitronenbällchen und Soße servieren.

Pro Portion ca. 755 Kcal, 42 g Eiweiß, 24 g Fett, 91 g Kohlenhydrate

Fertig in 50 Minuten

TIPPS

Die Fleischbällchen werden noch weicher und zarter, wenn Sie zusätzlich 50 g gekühlte Schlagsahne beim Pürieren zugeben – allerdings zerfallen sie dann in der Soße auch schneller.

Die Soße mit den Fleischbällchen lässt sich prima einfrieren. Am besten gleich die doppelte Menge zubereiten und eine Hälfte auf Vorrat einfrieren.

Abgeriebene Zitronen halten nicht mehr lange. Wenn Sie sonst im Augenblick keine Verwendung für den Saft haben, einfach in einem Eiswürfelbereiter in kleinen Portionen einfrieren.

Penne mit Zwiebel-Marsala-Soße

Für 4 Portionen / einfach / mit Alkohol / schnell

75 g geräucherter durchwachsener Speck, 250 g Zwiebeln, 2 EL Olivenöl, 12 frische Salbeiblätter, 3 EL Marsala-Wein, Salz, frisch gemahlener Pfeffer, 400 g Penne-Nudeln oder andere kurze Nudeln, 50 g Parmesan-Käse

Den Speck in dünne Scheibchen schneiden. Zwiebeln abziehen und in schmale Spalten schneiden. Das Öl in einer Pfanne erhitzen und die Salbeiblätter darin knusprig braten. Salbei herausnehmen.

Speck und Zwiebeln im Bratfett anbraten. Den Wein dazugießen und die Soße mit Salz und Pfeffer würzen.

Die Nudeln in reichlich Salzwasser nach Packungsanweisung bissfest kochen. Mit der Zwiebelsoße mischen. Parmesan mit einem Sparschäler in dünne Scheibchen hobeln und zusammen mit den gebratenen Salbeiblättern über die Nudeln streuen.

Pro Portion ca. 565 Kcal, 20 g Eiweiß, 20 g Fett, 71 g Kohlenhydrate

Fertig in 25 Minuten

VARIANTE

Genauso gut wie Marsala-Wein passt halbtrockener Sherry oder weißer Portwein.

TIPPS

Der Backofen bleibt sauber, wenn Sie alles in einen Bratbeutel geben. Beim Braten bildet sich ein wunderbarer Bratsud und das Hähnchen wird trotzdem braun.

Knoblauchfans können das weiche Fleisch der gegarten Knoblauchzehen aus den Häutchen drücken und pur, zum Fleisch oder auf kräftigem Schwarzbrot essen.

Rosmarinhähnchen mit Knoblauch

Für 4 Portionen / einfach

1 Brathähnchen (ca. 1,2 kg), Salz, frisch gemahlener Pfeffer, 1 Knoblauchzwiebel,

1 unbehandelte Zitrone, 1 großer Stängel Rosmarin,

1/2 l weißer Traubensaft oder Brühe, 1 EL Olivenöl

Das Hähnchen von innen und außen gründlich abspülen, trockentupfen und mit Salz und Pfeffer einreiben. Die Knoblauchzwiebel mit der Schale quer durchschneiden. Die Zitrone heiß abspülen, trockenreiben und in Scheiben schneiden.

Hähnchen in einen Bräter legen. Knoblauchhälften, Zitronenscheiben und den Rosmarin dazulegen. Den Traubensaft angießen und das Olivenöl über das Hähnchen träufeln.

Ohne Deckel im vorgeheizten Backofen bei 200 Grad, Umluft 180 Grad, Gas Stufe 4 etwa 1 Stunde braten. Den Bratsud mit Salz und Pfeffer abschmecken und zum Hähnchen servieren.

Pro Portion ca. 610 Kcal, 60 g Eiweiß, 31 g Fett, 0 g Kohlenhydrate

Fertig in 1 Stunde 10 Minuten

Dazu: Backofenkartoffeln oder Baguette

» Hähnchenfleisch kann so aromatisch sein! «

Ich helfe da immer etwas nach: Vor dem Braten löse ich die Haut vorsichtig vom Fleisch ab und schiebe Kräuterblättchen und Knoblauchscheiben zwischen Haut und Hähnchenfleisch.

Gegrillte Hähnchenspieße mit Auberginen-Joghurt-Soße

Für 4 Portionen / einfach / braucht etwas Zeit

Auberginen-Joghurt-Soße: 1 kg Auberginen, 2 mittelgroße Zwiebeln, 2 Knoblauchzehen, 4 EL Olivenöl, 250 g Sahnejoghurt, Salz, frisch gemahlener Pfeffer, etwas Zitronensaft;
Hähnchenspieße: 1 Brathähnchen (ca. 1,2 kg), 1 Zitrone, 6 EL Olivenöl, Salz, bunter Pfeffer, 12–15 frische Lorbeerblätter

VARIANTE

Statt mit Hähnchen schmecken die Spieße auch mit Würfeln aus Putenbrust oder Schweineschnitzel.

Auberginen-Joghurt-Soße: Die Auberginen abspülen und rundherum mit einer Gabel mehrmals einstechen. Auberginen und ungeschälte Zwiebeln auf den Backofenrost legen und im vorgeheizten Backofen bei 180 Grad, Umluft 160 Grad, Gas Stufe 3 etwa 1 Stunde garen.

Auberginen etwas abkühlen lassen, halbieren und mit einem Löffel das weiche Fruchtfleisch herauskratzen. Zwiebeln halbieren und das weiche Innere herausdrücken oder mit einem Löffel herauskratzen.

Knoblauchzehen abziehen. Auberginenfleisch, Zwiebeln und Knoblauch mit dem Stabmixer pürieren und abkühlen lassen. Öl und Joghurt unterrühren und die Soße mit Salz, Pfeffer und Zitronensaft abschmecken. Bis zum Servieren kalt stellen.

Hähnchenspieße: Das Brathähnchen in 10 oder 12 Teile schneiden, gut abspülen und trockentupfen. Ausgepressten Zitronensaft, Öl, Salz und grob zerstoßenen Pfeffer verrühren. Lorbeerblätter dazugeben und die Hähnchenteile zusammen mit der Marinade in einen großen Gefrierbeutel geben und etwa 2 bis 3 Stunden durchziehen lassen.

Hähnchenteile aus der Marinade nehmen und im Wechsel mit den Lorbeerblättern auf lange Grillspieße stecken. Spieße auf den Backofenrost legen, darunter die Fettpfanne stellen. Unter dem vorgeheizten Grill auf der mittleren Schiene etwa 10 Minuten grillen, mit Zitronenmarinade bestreichen, wenden und weiter 5 bis 10 Minuten grillen.

Den Rost in die oberste Einschubleiste schieben und die Hähnchenspieße je Seite etwa 5 Minuten grillen, bis sie knusprig braun sind. Zusammen mit der Auberginen-Joghurt-Soße servieren.

Pro Portion ca. 845 Kcal, 65 g Eiweiß, 60 g Fett, 10 g Kohlenhydrate

Ohne Wartezeit fertig in 1 Stunde 40 Minuten

Dazu: Salat und Ofenkartoffeln

Geflügel-Nuggets mit Spitzkohlsalat

Für 4 Portionen / braucht etwas Übung

Geflügel-Nuggets: 500 g Putenbrustfilet, 150 g gesalzene Erdnüsse, 1 Ei, 4 frische Salbeiblätter oder 1 Teelöffelspitze getrockneter Salbei, 2 EL Mehl, Öl zum Braten;

Spitzkohlsalat: 1 kleiner Spitzkohl (ca. 600 g), 1 1/2 Orangen, 150 g Magermilchjoghurt, 1 TL mittelscharfer Senf, Salz, frisch gemahlener Pfeffer

Geflügel-Nuggets: Die Putenbrust kalt abspülen, trockentupfen und in mundgerechte Stücke schneiden. Erdnüsse im Blitzhacker fein hacken. Das Ei in einem flachen Teller mit einer Gabel verschlagen. Frische Salbeiblätter abspülen, trockentupfen und fein schneiden. Mehl, Erdnüsse und Salbei mischen.

Fleischstücke zunächst in verschlagenem Ei, dann in der Erdnussmischung wenden. Das Öl in einer großen Pfanne erhitzen und die Fleischwürfel darin rundherum braun braten.

Spitzkohlsalat: Den Spitzkohl putzen und auf einem Gurkenhobel fein hobeln oder mit einem Messer in dünne Streifen schneiden. 1 Orange dick schälen, so dass die weiße Haut vollständig mit entfernt wird. Die Orangenfilets mit einem Messer zwischen den Trennhäuten herauslösen, den Saft dabei auffangen. Restliche Orangenhälfte auspressen.

Joghurt, Senf und Orangensaft verrühren und mit Salz und Pfeffer würzen. Spitzkohl, Orangenfilets und Joghurtsoße mischen und zu den Geflügel-Nuggets servieren.

Pro Portion ca. 635 Kcal, 42 g Eiweiß, 44 g Fett, 18 g Kohlenhydrate

Fertig in 40 Minuten

Dazu: Ofenkartoffeln und süß-saure Chilisoße

Gefüllte Paprika

Für 4 Portionen / einfach

je 2 rote und gelbe Paprikaschoten, Salz, frisch gemahlener Pfeffer,
80 g gekochter Schinken, 80 g Parmesan-Käse, 8 Eier, 2 Tomaten,
1 TL Rosenpaprikapulver

Paprikaschoten quer halbieren und die Stielansätze knapp abschneiden. Kerne und Trennwände mit einem spitzen Messer herauslösen und die Schoten abspülen. Von innen mit Salz und Pfeffer würzen und nebeneinander in eine ofenfeste Form setzen.

Schinken in kleine Würfel schneiden. Parmesan fein reiben. Je die Hälfte auf die Paprikaschoten verteilen.

Eier nacheinander einzeln in eine Tasse aufschlagen. In jede Paprikahälfte 1 Ei gleiten lassen. Den restlichen Schinken und den Parmesan darauf verteilen.

Im vorgeheizten Backofen bei 200 Grad, Umluft 180 Grad, Gas Stufe 4 etwa 35 Minuten backen.

Tomaten abspülen, vierteln, die Stängelansätze herausschneiden und die Kerne entfernen. Das Fruchtfleisch in kleine Würfel schneiden. Die gebackenen Paprikaschoten mit Salz und Rosenpaprika würzen und die Tomatenwürfel darüber streuen.

Pro Portion ca. 300 Kcal, 25 g Eiweiß, 20 g Fett, 6 g Kohlenhydrate

Fertig in 50 Minuten

Dazu: Kartoffelmus oder Petersilienreis

INFO

Vor allem die roten Paprikaschoten enthalten viel Vitamin A und C sowie Vitamine der B-Gruppe.

VARIANTE

Vegetarisch wird's, wenn Sie den Schinken weglassen und dafür viel gehackte Petersilie oder Basilikum nehmen.

Geschmorte Schweinekoteletts mit Erbsen

Für 3 Portionen / mit Alkohol / braucht etwas Zeit

40 g getrocknete Tomaten in Öl (abgetropft), 4 Knoblauchzehen, 300 ml Weißwein,
1 kleiner Lorbeerzweig oder 5–7 Lorbeerblätter;
1 unbehandelte Zitrone, 1–2 TL Fenchelsaat, 1/2 TL grobes Salz,
frisch gemahlener Pfeffer, 2 dicke Scheiben Schweinenackenkotelett (à 400 g),
5 Lauchzwiebeln, 1 EL Olivenöl, 100 g Zuckerschoten, 450 g TK-Erbsen,
je 1/2 Bund Minze und glatte Petersilie

TIPP

Die Fenchelsaat zum Würzen aus einem Teebeutel nehmen.

Die Tomaten in Streifen schneiden. Knoblauch abziehen. Beides mit Wein und Lorbeer in einen Schmortopf mit Deckel geben. Den Schmortopf direkt auf den Boden in den Backofen stellen. Backofen auf 180 Grad, Umluft 160 Grad, Gas Stufe 3 mit dem Topf darin vorheizen.

Die Zitrone heiß abspülen, trockentupfen und die Schale grob abreiben. Fenchelsaat, Zitronenschale, Salz und Pfeffer mischen. Die Koteletts abspülen, trockentupfen und mit der Gewürzmischung von beiden Seiten einreiben. Koteletts nebeneinander in den heißen Topf legen. Den Topf schließen und wieder auf den Boden des Backofens stellen. Etwa 60 Minuten bei gleicher Temperatur garen.

Lauchzwiebeln putzen, abspülen und quer halbieren. Das Grün beiseite legen. Das Weiße längs aufschneiden und zum Fleisch in den Topf geben. Das Fleisch mit etwas Olivenöl beträufeln und ohne Deckel weitere 20 Minuten garen.

Inzwischen Zuckerschoten putzen und abspülen. Erbsen in Salzwasser 2 Minuten kochen lassen. Zuckerschoten und das Grün der Lauchzwiebeln zugeben und noch 1 Minute garen. Abgießen und das Gemüse zum Fleisch geben. Minze und Petersilie abspülen, trockenschütteln und fein hacken. Kräuter über Fleisch und Gemüse streuen.

Pro Portion ca. 875 Kcal, 66 g Eiweiß, 47 g Fett, 29 g Kohlenhydrate

Fertig in 1 Stunde 30 Minuten

Dazu: Ciabatta-Brot oder Couscous

Minz-Frikadellen mit Gurkensalat

Für 4 Portionen / einfach / schnell

Frikadellen: 1 Knoblauchzehe, 600 g gemischtes Hackfleisch, 1 Ei, 4–5 EL Semmelbrösel, Salz, frisch gemahlener Pfeffer, 1/2 Bund Minze, 1 EL Öl; **Gurkensalat:** 2 Salatgurken, Salz, 1 Knoblauchzehe, 200 g stichfeste saure Sahne, 2 TL Schwarzkümmel, frisch gemahlener Pfeffer

Frikadellen: Knoblauch abziehen und durch die Knoblauchpresse drücken. Mit Hackfleisch, Ei, Semmelbröseln, Salz und Pfeffer in eine Schüssel geben. Die Minze abspülen, trockenschütteln und die Blättchen fein hacken. Minze dazugeben und alles mit den Knethaken des Handrührers zu einem glatten Fleischteig verkneten.

Mit angefeuchteten Händen aus dem Teig etwa 12 kleine Frikadellen formen. Das Öl in einer Pfanne erhitzen und die Frikadellen darin von jeder Seite etwa 4 bis 5 Minuten braten.

Gurkensalat: Die Gurken schälen und der Länge nach halbieren. Die Kerne mit einem Teelöffel herauskratzen und das Fruchtfleisch in Scheiben schneiden. Gurkenscheiben gut salzen und auf ein Sieb geben, damit das Gurkenwasser abtropfen kann.

Knoblauch abziehen und durch eine Knoblauchpresse drücken. Knoblauch, saure Sahne und den Schwarzkümmel verrühren und die Soße mit Salz und Pfeffer abschmecken. Mit den Gurken mischen und zu den Frikadellen servieren.

Pro Portion ca. 520 Kcal, 33 g Eiweiß, 37 g Fett, 14 g Kohlenhydrate

Fertig in 30 Minuten

Dazu: Kartoffelmus, Kartoffelgratin oder Couscous

TIPPS

Wer keine Knoblauchpresse hat, kann die Zehe mit der flachen Seite eines breiten Messers zerdrücken.

›› Gut, dass ich meine Kräutertees immer im Haus habe! ‹‹

Wenn keine frische Minze zur Hand ist, nehme ich zum Kochen getrocknete Pfefferminze aus einem Teebeutel. Für dieses Rezept braucht man davon 1 bis 2 leicht gehäufte Teelöffel.

Spareribs mit Barbecue-Soße

Für 4 Portionen / braucht etwas Übung / braucht etwas Zeit

Spareribs: 1,6 kg Spareribs (Schälrippe mit nur dünnem Fleischbelag; vom Fleischer in Stücke schneiden lassen);

Barbecue-Soße: 2 mittelgroße Zwiebeln, 3 Knoblauchzehen, 400 g Ahornsirup, 2 TL Salz, 160 g Tomatenketchup, 6 EL Weißweinessig, 4 TL scharfer Senf, frisch gemahlener Pfeffer, evtl. einige Spritzer Worcestersoße

Spareribs: Die Rippenstücke abspülen und in die Fettpfanne des Backofens legen. 2 bis 3 EL Wasser darüber spritzen und die Pfanne mit Alufolie abdecken. Die Ränder gut verschließen, damit kein Wasserdampf entweichen kann. Im vorgeheizten Backofen bei 180 Grad, Umluft 160 Grad, Gas Stufe 3 etwa 120 Minuten garen.

Barbecue-Soße: Zwiebeln und Knoblauch abziehen und fein hacken. Alle Zutaten für die Soße in einem Topf bei kleiner Hitze etwa 15 Minuten kochen lassen, dabei häufiger umrühren. Abkühlen lassen.

Die Rippenstücke mit der Soße bestreichen und ohne Folie bei gleicher Temperatur weitere 30 Minuten knusprig braun braten. Eventuell in den letzten 5 Minuten den Backofen auf die höchste Stufe schalten, damit die Spareribs schön knusprig werden. Die restliche Soße dazu reichen.

Pro Portion ca. 690 Kcal, 36 g Eiweiß, 22 g Fett, 87 g Kohlenhydrate

Fertig in 2 Stunden 30 Minuten

Dazu: Coleslaw (Weißkohlsalat; aus dem Supermarkt) und Grillkartoffeln mit Sourcream – ganz amerikanisch!

» Abwasch? Nein danke! «

Zu diesem Essen gibt's bei uns kein Besteck. Spareribs schmecken am besten aus der Hand – dann lässt sich das Fleisch leicht vom Knochen nagen.

Kirschen im Pergament

Für 6 Portionen / einfach / mit Alkohol

5 Eier, 80 g Zucker, 150 g Mehl, 75 g Butter oder Margarine, 350 ml Milch, Salz, 2 EL Kirschwasser, 700 g Süßkirschen, Fett für das Papier

Eier und Zucker mit den Quirlen des Handrührers schaumig schlagen. Das Mehl, 25 g flüssiges Fett, Milch und 1 Prise Salz unter den Teig rühren. Das Kirschwasser dazugeben.

Die Kirschen abspülen, trockentupfen, entstielen und entsteinen. 6 Streifen Backpapier (20 x 40 cm) zuschneiden, die Enden wie Bonbons zusammendrehen und die offenen Ränder auseinander ziehen, so dass ein Innenraum entsteht. Jeden Papierboden mit Fett bepinseln und die Papierformen auf ein Backblech legen.

Etwas Teig hineingießen und im vorgeheizten Backofen bei 200 Grad, Umluft 180 Grad, Gas Stufe 4 etwa 5 Minuten vorbacken, so dass der Teig gerade eben fest ist.

Teig mit den Kirschen belegen und mit dem restlichen Teig begießen. Restliches Fett in kleinen Flöckchen darauf setzen und bei gleicher Temperatur weitere 20 bis 30 Minuten backen. Heiß oder lauwarm servieren.

Pro Portion ca. 440 Kcal, 12 g Eiweiß, 20 g Fett, 50 g Kohlenhydrate

Fertig in 1 Stunde

Grüne Grütze mit Pfefferminzquark

Für 6 Portionen / einfach

Grüne Grütze: je 250 g Stachelbeeren, helle kernlose Weintrauben und Kiwis, etwa 1/2 l Apfelsaft, 1 Päckchen Vanillepuddingpulver, 1–2 EL Zucker;

Pfefferminzquark: 500 g Sahnequark, 150 g Vollmilchjoghurt, 2–3 EL Zucker, 1 kleines Bund Minze

Grüne Grütze: Stachelbeeren und Trauben abspülen. Stachelbeeren putzen. Kiwis schälen und in Stücke schneiden. 5 EL Apfelsaft und das Puddingpulver verrühren. Restlichen Apfelsaft aufkochen und das Puddingpulver unter Rühren hineingießen.

Die Stachelbeeren dazugeben und alles einmal aufkochen lassen. Den Topf von der Kochstelle nehmen und die restlichen Früchte unterrühren. Grütze mit Zucker abschmecken, in eine Schale geben und abkühlen lassen. Wenn die Grütze sehr fest ist, eventuell noch etwas Apfelsaft unterrühren.

Pfefferminzquark: Quark, Joghurt und Zucker mit einem Schneebesen verrühren. Minze abspülen, trockenschütteln und bis auf einige Blätter zum Verzieren hacken und unterrühren. Grüne Grütze und Pfefferminzquark anrichten und mit den restlichen Minzeblättchen verzieren.

Pro Portion ca. 340 Kcal, 9 g Eiweiß, 12 g Fett, 47 g Kohlenhydrate

Ohne Wartezeit fertig in 30 Minuten

TIPP

Im Sommer schmeckt diese Grütze auch als Hauptgericht und reicht für 3 Portionen.

VARIANTE

Eine gelbe Grütze wird's mit je 250 g Pfirsichfleisch, Aprikosen und Birnen. Geputztes und in Stücke geschnittenes Obst in den angedickten Fruchtsaft geben und – anders als bei den Stachelbeeren – nicht mehr kochen lassen.

Kirschgelee mit Lemoncurd-Soße

Für 4 Portionen / einfach

Kirschgelee: 6 Blatt weiße Gelatine, 500 g Süßkirschen, 1/4 l Kirschsaft, 1/4 l Gewürztraminer-Wein oder Traubensaft, 2 Päckchen Vanillezucker, 1–2 EL Zucker, 1 unbehandelte Zitrone;
Lemoncurd-Soße: 200 g Schmand, 100 g Lemoncurd (Zitronenbrotaufstrich) oder Zitronenmarmelade, 150 g Vollmilchjoghurt

Kirschgelee: Die Gelatineblätter in kaltem Wasser einweichen. Förmchen oder Tassen mit geraden Wänden kalt stellen. Die Kirschen abspülen, entstielen und entsteinen. Kirschsaft, Wein, Vanillezucker und Zucker verrühren. Zitrone heiß abspülen, trockentupfen und die Schale in dünnen Streifen abschälen. Den Saft auspressen. Die Kirschsaftmischung mit Zitronensaft abschmecken.

Gelatine ausdrücken, in einem kleinen Topf langsam auflösen, etwas vom Kirschsaft dazugeben und glatt rühren. Gelatinemischung unter den restlichen Kirschsaft mischen. Etwas von dem Saft in die Förmchen gießen und schwenken, so dass der Kirschsaft an den kalten Wänden geliert. Die Kirschen in die Förmchen füllen und den restlichen Kirschsaft darüber gießen. Für mindestens 4 Stunden kalt stellen.

Lemoncurd-Soße: Schmand, Lemoncurd und Joghurt verrühren.

Förmchen kurz in heißes Wasser tauchen und auf Dessertteller stürzen. Etwas Lemoncurd-Soße darüber gießen und mit Zitronenschale bestreuen.

Pro Portion ca. 425 Kcal, 8 g Eiweiß, 18 g Fett, 44 g Kohlenhydrate

Ohne Wartezeit fertig in 30 Minuten

INFO

Lemoncurd, eine englische Spezialität, besteht aus Zitronensaft und -schale, Zucker, Butter und Eigelb. Es wird als Brotaufstrich, aber auch zum Kochen und Backen genommen.

Hefepfannkuchen mit gezuckerten Himbeeren

Für 6 Portionen / braucht etwas Übung

Hefepfannkuchen: 125 g Mehl, 1/4 Würfel Hefe (10 g),
1/4 l Milch (etwas anwärmen), 1 EL Zucker, 1 Päckchen Vanillezucker, 1 Prise Salz, 1 Ei;
Butter oder Margarine zum Braten;
Himbeeren: 450 g Himbeeren, 60 g Puderzucker,
2 EL Orangenlikör oder Orangensaft, 250 g Schmand oder stichfeste saure Sahne;
Puderzucker zum Bestreuen

Hefepfannkuchen: Das Mehl in eine Schüssel geben, in die Mitte eine Mulde drücken und die Hefe hineinbröckeln. 3 EL lauwarme Milch und 1 TL Zucker dazugeben und alles mit etwas Mehl vom Rand zu einem dickflüssigen Vorteig verrühren. Zugedeckt an einem warmen Ort etwa 20 Minuten gehen lassen.

Restliche Zutaten zum Hefeteig geben. Alles mit einem Schneebesen zu einem dickflüssigen Teig verrühren. Nochmals abgedeckt etwa 20 Minuten an einem warmen Ort gehen lassen, bis der Teig Blasen wirft und sein Volumen vergrößert hat.

Himbeeren: Himbeeren verlesen und möglichst nicht abspülen. 50 g Puderzucker über die Früchte sieben und den Likör darüber träufeln. Früchte stehen und Saft ziehen lassen. Schmand und restlichen Puderzucker verrühren.

Etwas Fett in einer Pfanne erhitzen und 1 kleine Kelle voll Hefeteig darin zu einem etwa handgroßen Pfannkuchen backen. Wenn die Unterseite goldgelb ist, wenden und die 2. Seite ebenfalls goldgelb backen. Pfannkuchen warm stellen und den restlichen Teig wie beschrieben zu Pfannkuchen backen.

Pfannkuchen, Himbeeren und glatt gerührten Schmand anrichten, etwas Puderzucker darüber streuen und servieren.

Pro Portion ca. 400 Kcal, 7 g Eiweiß, 24 g Fett, 37 g Kohlenhydrate

Ohne Wartezeiten fertig in 40 Minuten

TIPPS

Himbeeren möglichst nicht abspülen, die feinen Früchte werden schnell matschig, füllen sich mit Wasser und schmecken dann wässrig.

Als süßes Hauptgericht reicht das Rezept für 3 Portionen.

VARIANTEN

Die Hefepfannkuchen schmecken auch mit Erdbeeren, Heidelbeeren, Kirschen und anderen frischen Früchten.

Wenn's schnell gehen soll, einfach einen normalen Pfannkuchenteig ohne Hefe anrühren und große Pfannkuchen daraus backen.

Kirschbrot

Für etwa 16 Scheiben / braucht etwas Übung

1 Würfel Hefe (42 g), 50 ml Milch, 550 g Mehl und Mehl zum Bearbeiten, 1 Ei, 250 g Schlagsahne, je 1 Prise Salz, gemahlener Zimt und Kardamom, 1/2 TL Zitronenschalen-Aroma, 50 g Zucker, 110 g weiche Butter, 250 g Sauerkirschen mit Stein, Fett für die Form

VARIANTE

Wie wär's mit Kirschbrötchen? Hefeteig in 12 Portionen teilen, ausrollen und mit den Kirschen bestreuen. Aufrollen, dünn mit Milch bestreichen und im vorgeheizten Backofen bei 200 Grad etwa 15 Minuten backen.

Hefe zerbröseln und in der lauwarmen Milch auflösen. Mehl, Ei, Sahne, Hefemilch und Gewürze zunächst mit den Knethaken des Handrührers, dann mit den Händen zu einem glatten Teig verkneten. Teig abgedeckt an einem warmen Ort etwa 30 Minuten zur doppelten Größe aufgehen lassen.

Den Zucker und die weiche Butter zufügen und mit den Händen etwa 1 Minute kneten, bis der Teig nicht mehr an den Händen klebt. Weitere 30 Minuten an einem warmen Ort gehen lassen, bis der Teig sein Volumen verdoppelt hat.

Inzwischen die Kirschen abspülen, entsteinen und gut abtropfen lassen. Eine Kastenform (30 cm Länge) fetten. Den Teig kurz kneten und auf wenig Mehl zu einem Rechteck (30 x 25 cm) ausrollen. Kirschen darauf verteilen, der Länge nach aufrollen und in die Form legen.

Im vorgeheizten Backofen bei 220 Grad, Umluft 200 Grad, Gas Stufe 5 etwa 10 Minuten backen. Temperatur auf 180 Grad, Umluft 160 Grad, Gas Stufe 3 herunterschalten und weitere 40 Minuten backen; eventuell nach der Hälfte der Backzeit mit Backpapier abdecken, damit das Brot nicht zu dunkel wird.

Kirschbrot vom Rand lösen, auf ein Kuchengitter stürzen und abkühlen lassen.

Pro Scheibe ca. 250 Kcal, 2 g Eiweiß, 12 g Fett, 30 g Kohlenhydrate

Ohne Wartezeiten fertig in 1 Stunde 20 Minuten

Beeren-Crumble

Für 6 Portionen / einfach

Füllung: 600 g gemischte Beeren
(Himbeeren, Johannisbeeren, Brombeeren, Erdbeeren, evtl. auch TK),
Fett für die Förmchen, 2 EL Semmelbrösel, 30 g Mandelstifte, 2–3 EL brauner Zucker;
Kruste: 100 g Mehl, 100 g kalte Butter oder Margarine, 60 g brauner Zucker,
Puderzucker zum Bestäuben

Füllung: Die Beeren verlesen, eventuell abspülen, putzen und auf Küchenkrepp legen. 6 ofenfeste kleine Förmchen oder Teller mit Fett bestreichen und mit Semmelbröseln bestreuen. Die Beeren darauf verteilen und mit Mandelstiften und braunem Zucker bestreuen.

Kruste: Mehl in eine Schüssel geben. Das Fett in kleinen Flöckchen und den Zucker zufügen und alles zunächst mit den Knethaken des Handrührers, dann mit den Händen zu einer krümeligen Masse verkneten. Die Teigflöckchen über die Früchte geben.

Im vorgeheizten Backofen bei 200 Grad, Umluft 180 Grad, Gas Stufe 4 etwa 30 Minuten backen, bis die Kruste knusprig braun ist. Puderzucker darüber sieben und noch warm servieren.

Pro Portion ca. 335 Kcal, 4 g Eiweiß, 17 g Fett, 38 g Kohlenhydrate

Fertig in 45 Minuten

Dazu: Schlagsahne, Vanillesoße oder Eiscreme

TIPPS

Probieren Sie vorher aus, ob alle Teller gleichzeitig in den Ofen passen. Falls nicht: Den Beeren-Crumble einfach in einer großen flachen Form backen.

Crumble schmeckt auch als süßes Hauptgericht. Das Rezept reicht dann für 3 Portionen.

Milchreistorte mit frischen Früchten

Für 12 Stücke / braucht etwas Übung

Füllung: 1/2 l Milch, 1 Päckchen Bourbon-Vanillezucker, 125 g Milchreis, 75 g Zucker, Salz, 10 Blatt weiße Gelatine, 400 g Schlagsahne;

Bröselboden: 100 g Zwieback, 100 g Butter oder Margarine, 40 g Zucker, 1 TL gemahlener Zimt;

Belag: 250 g Erdbeeren, 450 g Nektarinen oder Pfirsiche, 1 Päckchen klarer Tortenguss, 25 g Zucker, 1/4 l Orangensaft

Füllung: Milch, Vanillezucker, Milchreis, 25 g Zucker und 1 Prise Salz aufkochen. Bei kleiner Hitze etwa 30 Minuten quellen lassen, dabei gelegentlich umrühren, damit der Reis nicht ansetzt.

Gelatineblätter einzeln in kaltem Wasser 5 Minuten einweichen, ausdrücken und im heißen Milchreis unter Rühren auflösen. Kalt stellen. Sahne und restlichen Zucker steif schlagen und unter den kalten Milchreis heben.

Bröselboden: Zwieback im Blitzhacker fein mahlen. Das Fett schmelzen lassen und mit den Zwiebackbröseln, Zucker und Zimt verkneten. Einen Springformrand (26 cm ∅) auf eine Tortenplatte legen und die Brösel als dünnen Boden hineindrücken. Den Sahnereis darauf verstreichen und alles für mindestens 3 Stunden, besser über Nacht, kalt stellen.

Belag: Früchte abspülen. Erdbeeren putzen und je nach Größe halbieren. Nektarinen in Spalten schneiden. Früchte bergartig auf die Torte legen. Aus Tortengusspulver, Zucker und Orangensaft nach Packungsanweisung einen Guss zubereiten und über die Früchte geben. Kalt stellen.

Pro Stück ca. 345 Kcal, 6 g Eiweiß, 19 g Fett, 37 g Kohlenhydrate

Ohne Wartezeiten fertig in 1 Stunde

TIPPS

Die Gelatineblätter unbedingt einzeln und nicht als Päckchen einweichen! Sonst kann es passieren, dass sie in der Mitte nicht richtig quellen und hart bleiben.

Zwieback können Sie auch in einem Gefrierbeutel mit einer Kuchenrolle fein zerkleinern.

VARIANTE

Je nach Jahreszeit können Sie Birnen, Zwetschgen, Trauben, Himbeeren oder andere Früchte als Belag nehmen.

Aprikosentörtchen

Für 8 Stück / einfach

3 Platten TK-Blätterteig, Mehl zum Ausrollen,

1 Ei, 200 g frische Aprikosen oder 150 g Aprikosenhälften aus der Dose,

3 EL Pfirsich- oder Aprikosenkonfitüre, 200 g Schlagsahne, 1 Päckchen Vanillezucker,

300 g Vanillejoghurt, Puderzucker zum Bestäuben

Die Blätterteigplatten nebeneinander auf die Arbeitsfläche legen und auftauen lassen. Platten übereinander legen und auf wenig Mehl zu einem Rechteck (30 x 40 cm) etwa 2 mm dünn ausrollen. Daraus 8 Rechtecke (10 x 15 cm) schneiden, die äußeren Kanten etwa 1 cm breit zur Mitte hin einschlagen und mit den Händen andrücken.

Das Ei verquirlen und mit einem Pinsel auf den Blätterteig streichen. Im vorgeheizten Backofen bei 200 Grad, Umluft 180 Grad, Gas Stufe 4 etwa 14 Minuten backen.

Inzwischen die Aprikosen kurz mit kochendem Wasser überbrühen, unter kaltem Wasser abspülen und die Haut abziehen. Aprikosen halbieren, die Steine herauslösen und das Fruchtfleisch in Spalten schneiden. Aprikosenspalten fächerartig auf die Blätterteigstücke legen.

Konfitüre unter Rühren leicht erhitzen und auf die Früchte pinseln. Törtchen unter dem vorgeheizten Grill etwa 3 bis 5 Minuten übergrillen. Sahne und Vanillezucker steif schlagen und den Vanillejoghurt unterheben. Aprikosentörtchen mit Puderzucker bestäuben und mit der Vanillesahne servieren.

Pro Stück ca. 260 Kcal, 4 g Eiweiß, 19 g Fett, 17 g Kohlenhydrate

Ohne Wartezeit fertig in 45 Minuten

TIPP

Wenn die Törtchen beim Backen dick aufgehen, den Teig in der Mitte vor dem Belegen mit einer Gabel etwas zusammendrücken.

VARIANTE

Sie können die Törtchen auch mit Pfirsich- oder Mangoscheiben belegen.

Umgedrehter Stachelbeerkuchen

Für 10 Stücke / braucht etwas Übung

Mürbeteig: 250 g Mehl und Mehl zum Ausrollen, Salz, 1 Ei,
150 g kalte Butter oder Margarine;
150 g Marzipan-Rohmasse, 50 g Puderzucker und Puderzucker zum Ausrollen;
Belag: 500 g Stachelbeeren, 10 g Butter oder Margarine,
40 g brauner Zucker, 50 g geschälte Mandeln

Mürbeteig: Mehl, 1 Prise Salz, Ei, 1 EL kaltes Wasser und Fettflöckchen zunächst mit den Knethaken des Handrührers, dann mit den Händen zu einem glatten Teig verkneten. Teig abgedeckt für 30 Minuten kalt stellen.

Marzipan-Rohmasse würfeln und den Puderzucker darüber sieben. Beides mit den Händen zu einem glatten Teig verkneten.

Belag: Die Stachelbeeren putzen und abspülen. Das Fett auf den Boden einer ofenfesten Pieform (26 cm Ø) streichen. Den Zucker gleichmäßig darauf streuen. Die Form unter den vorgeheizten Grill stellen, bis der Zucker karamellisiert ist. Die Form aus dem Ofen nehmen und abkühlen lassen.

Stachelbeeren und Mandeln auf den erstarrten Karamell geben, dabei zwischen den Früchten und dem Formrand etwa 1 cm Platz lassen. Marzipan auf wenig Puderzucker in Größe der Pieform ausrollen und auf die Stachelbeeren legen.

Den Mürbeteig auf wenig Mehl etwas größer als die Pieform ausrollen und auf die Marzipanplatte legen. Die überstehenden Ränder zwischen Formrand und Füllung drücken, so dass der Teig an den Rändern bis auf den Formboden reicht.

Im vorgeheizten Backofen bei 200 Grad, Umluft 180 Grad, Gas Stufe 4 etwa 30 Minuten goldbraun backen. Den Kuchen herausnehmen, etwa 5 Minuten stehen lassen, dann auf einen Kuchenteller stürzen. Vorsicht, der Zucker wird beim Backen wieder flüssig, ist sehr heiß und kann beim Drehen aus der Form schwappen.

Pro Stück ca. 375 Kcal, 7 g Eiweiß, 22 g Fett, 37 g Kohlenhydrate

Ohne Wartezeit fertig in 1 Stunde 15 Minuten

Dazu: halb steif geschlagene Sahne

TIPPS

Wenn die Früchte sehr saftig sind, den Kuchen eventuell nach dem Stürzen mit Küchenkrepp etwas trockentupfen.

» Diesen Kuchen muss man einfach warm essen «,

so schmeckt er am besten! Deshalb backe ich ihn möglichst erst in letzter Minute, und er kommt dann gleich auf den Tisch.

Heidelbeer-Wähe

Für 10 Stücke / braucht etwas Übung

Hefeteig: 250 g Mehl und Mehl zum Ausrollen, 1/2 Würfel Hefe (21 g), 100 ml Milch, 2 EL Zucker, 1 Ei, 1 EL Butter oder Margarine;

Belag: 100 g Heidelbeerkonfitüre, 500 g Heidelbeeren (frisch oder TK), 30 g Mohn, 150 g Schmand, 2 Eier, 2 EL Zucker, 1 Päckchen Vanillezucker, 2 EL Mandelblättchen, Puderzucker zum Bestäuben

TIPP

Unbedingt eine große Tarte- oder Springform nehmen. In kleineren Formen wird die Füllung in der Mitte zu dick und nicht gar.

VARIANTE

Sehr gut schmeckt die Wähe auch mit Himbeeren, Zwetschgen, Preiselbeeren, Kirschen oder Brombeeren.

Hefeteig: Das Mehl in eine Schüssel geben. In die Mitte eine Mulde drücken und zerbröckelte Hefe, 4 EL lauwarme Milch und den Zucker hineingeben. Alles mit einer Gabel und etwas Mehl vom Rand zu einem dickflüssigen Teig verrühren und abgedeckt an einem warmen Ort 20 Minuten gehen lassen.

Wenn der Vorteig Blasen wirft, die restlichen Zutaten dazugeben und alles mit den Knethaken des Handrührers zu einem glatten Teig verkneten: Es sollte kein Mehl am Schüsselrand kleben und der Teig ein glatter Kloß sein. Teig nochmals abgedeckt 30 Minuten an einem warmen Ort gehen lassen.

Hefeteig mit den Händen nochmals kräftig durchkneten und auf wenig Mehl rund ausrollen. Teig in eine mit Backpapier ausgelegte Wähen-, Pie- oder Springform (30 cm Ø) legen und den Rand etwa 2 cm hochdrücken. Abgedeckt nochmals etwa 20 Minuten gehen lassen.

Belag: Die Heidelbeerkonfitüre auf dem Hefeteig verteilen. Frische Heidelbeeren abspülen, trockentupfen und darauf legen (gefrorene Früchte auftauen lassen). Den Mohn im Blitzhacker fein mahlen und mit Schmand, Eiern, Zucker und Vanillezucker verrühren.

Den Guss über die Früchte gießen. Im vorgeheizten Backofen bei 180 Grad, Umluft 160 Grad, Gas Stufe 3 etwa 40 bis 50 Minuten backen, nach der Hälfte der Backzeit eventuell mit Backpapier abdecken, damit der Kuchen nicht zu dunkel wird. Mit Mandelblättchen und Puderzucker bestreuen und lauwarm servieren.

Pro Stück ca. 295 Kcal, 8 g Eiweiß, 13 g Fett, 37 g Kohlenhydrate

Ohne Wartezeiten fertig in 1 Stunde 25 Minuten

TIPPS

Vorsicht beim Karamell: Wird die Pfanne zu heiß, färbt sich der Zucker dunkel und schmeckt verbrannt. Der flüssige Karamell ist sehr heiß, darum vorsichtig umrühren, damit keine Spritzer auf die Hände kommen.

Schneller geht's mit fertig gekauftem Haselnusskrokant oder für Kinder mit bunten Zuckerstreuseln zum Bestreuen.

Gut gekühlt schmeckt der Salat am besten.

Melonensalat mit Sonnenblumenkrokant

Für 5 Portionen / schnell

Melonensalat: etwa 1,5 kg Melonen
(Wassermelone ohne Kerne, Honigmelone, Charentais-Melone),
5 EL trockener Sherry oder weißer Portwein oder Orangensaft;
Sonnenblumenkrokant: 75 g Zucker, 75 g Sonnenblumenkerne oder Mandelstifte,
Öl für die Folie

Melonensalat: Die Melonen vierteln und eventuell die Kerne herauslösen. Die Früchte schälen und in Stücke schneiden. Mit Sherry oder Portwein beträufeln und kurz ziehen lassen.

Sonnenblumenkrokant: Den Zucker in eine Pfanne streuen und goldbraun karamellisieren lassen. Die Sonnenblumenkerne unter Rühren in den Karamell streuen. Sonnenblumenkrokant möglichst dünn auf ein mit Öl bestrichenes Stück Alufolie streichen und fest werden lassen. Krokant in Stücke brechen und kurz vor dem Servieren über den Melonensalat streuen.

Pro Portion ca. 285 Kcal, 5 g Eiweiß, 8 g Fett, 42 g Kohlenhydrate

Fertig in 25 Minuten

Herbst

Erntefrisches von Feld und Baum

Bunte Blätter, goldene Oktobertage: Es wird Herbst! Jetzt haben Kürbisse Saison. Nicht nur als Deko für die Halloween-Party, auch in der Küche. Manche mögen es nun gehaltvoll und deftig: eine gefüllte Schweinerippe vielleicht oder Nudeln vom Blech. Und zum Sonntagnachmittags-Kaffee darf's auch mal eine feine Birnen-Schokoladen-Torte sein.

Bohnensalat mit Salami

Für 6 Portionen / einfach / braucht etwas Zeit

500 g getrocknete dicke weiße Bohnen,
1 kleiner Stängel Rosmarin oder 1 EL getrockneter Rosmarin, 500 g Tomaten,
3 Knoblauchzehen, 5 EL Olivenöl, 4 Stängel Salbei oder 1/2–1 TL getrockneter Salbei,
Salz, schwarzer Pfeffer, 24 Scheiben dünn geschnittene Salami

Die Bohnen am Vorabend in 1 l kaltem Wasser einweichen. Am nächsten Tag abgießen und abtropfen lassen. Mit 1 l Wasser und Rosmarin aufkochen und bei kleiner Hitze 90 Minuten kochen. Bohnen abkühlen und abtropfen lassen.

Die Tomaten an der Unterseite kreuzweise einritzen, für etwa 5 Sekunden in kochendes Wasser legen und unter kaltem Wasser abspülen. Die Haut abziehen. Tomaten vierteln, entkernen und grob würfeln. Knoblauch abziehen und in Scheiben schneiden.

Öl in einem großen Topf erhitzen und die Knoblauchscheiben und frischen Salbeiblätter darin anbraten. Tomatenstücke dazugeben und kurz mitbraten. Abgetropfte Bohnen untermischen und alles mit Salz, Pfeffer und getrocknetem Salbei (wenn kein frischer verwendet wurde) abschmecken. Mit den Salamischeiben anrichten und servieren.

Pro Portion ca. 440 Kcal, 27 g Eiweiß, 18 g Fett, 42 g Kohlenhydrate

Ohne Wartezeit fertig in 1 Stunde 45 Minuten

TIPPS

Getrocknete Bohnen und andere Hülsenfrüchte erst nach dem Kochen salzen, sonst bleiben sie sehr fest.

Schneller geht's mit fertig gekochten weißen Riesenbohnen: Sie brauchen etwa 4 bis 5 Dosen (à 250 g Abtropfgewicht).

Die Bohnen schmecken auch als Antipasti: Zusätzlich mit etwas Rotwein- oder Balsamessig abschmecken.

VARIANTE

Vegetarisch wird's, wenn Sie statt Salami einige Stückchen würzigen Hartkäse (z. B. Parmesan) nehmen.

Kartoffelsalat mit Buttermilch-Zitronen-Soße

Für 5 Portionen / einfach

Kartoffeln: 1 kg kleine fest kochende Kartoffeln, Salz,
1/2 Staude Stangensellerie, 1 EL Kapern;
Buttermilch-Zitronen-Soße: 1 unbehandelte Zitrone, 3/8 l Buttermilch,
1/2 Bund Minze, Salz, frisch gemahlener Pfeffer, Zucker

»Kartoffelsalat hat bei mir immer Saison.«

Je nach Jahreszeit nehme ich statt Sellerie Salatgurke, Erbsen, geraspelte junge Möhren oder Maiskörner. Bei den neuen Kartoffeln im Frühjahr lasse ich die Schale dran – das schmeckt und ist gesund.

Kartoffeln: Kartoffeln abbürsten und in Salzwasser 20 Minuten kochen. Abgießen und über Nacht erkalten lassen.

Kartoffeln abziehen und in Stücke schneiden. Sellerie putzen, abspülen und in dünne Scheiben schneiden. Das Grün beiseite legen. Kartoffeln, Sellerie und Kapern mischen.

Buttermilch-Zitronen-Soße: Die Zitrone heiß abspülen, trockentupfen und die Schale fein abraspeln. Den Saft auspressen. Zitronenschale und -saft, Buttermilch und gehackte Minze verrühren. Soße mit Salz, Pfeffer und Zucker würzen, unter den Salat mischen und mindestens 3 Stunden durchziehen lassen. Nochmals abschmecken und mit gehacktem Selleriegrün bestreuen.

Pro Portion ca. 180 Kcal, 7 g Eiweiß, 1 g Fett, 32 g Kohlenhydrate

Ohne Wartezeiten fertig in 45 Minuten

Orangen-Nudel-Salat mit Radicchio

Für 4 Portionen / vegetarisch / schnell

2 Orangen (davon 1 unbehandelt), 30 g Zucker, 1/2 l Orangensaft,
Saft von 1/2 Zitrone, Salz, 2–3 EL Rotweinessig,
300 g Bandnudeln, 40 g Mandelstifte oder Pinienkerne, 40 g Cashewnüsse,
75 g Radicchio, 1/2 Bund Basilikum

Die unbehandelte Orange abspülen, trockentupfen und die Schale mit einem Zestenreißer in feinen Streifen abschälen. Beide Orangen dick schälen, so dass die weiße Haut vollständig entfernt wird. Orangenfilets mit einem Messer zwischen den Trennhäuten herauslösen.

Den Zucker in einer Pfanne goldbraun karamellisieren lassen. Die Pfanne von der Kochstelle nehmen und Orangen- und Zitronensaft dazugießen (Vorsicht: Es dampft und spritzt!). Bei kleiner Hitze kochen lassen, bis eine leicht sämige Soße entstanden ist. Salzen und mit Essig süßsauer abschmecken.

Die Nudeln nach Packungsanweisung in Salzwasser bissfest kochen, abgießen und sofort mit der Orangensoße mischen. Abkühlen lassen. Mandelstifte und Cashewnüsse in einer Pfanne ohne Fett goldgelb rösten und abkühlen lassen.

Radicchio und Basilikum abspülen, trockenschütteln und je nach Größe der Blätter in Stücke zupfen. Basilikum, Radicchio und Orangenfilets mit den Nudeln mischen und auf einer Platte anrichten. Die gerösteten Nüsse und die Orangenschale darüber streuen.

Pro Portion ca. 535 Kcal, 16 g Eiweiß, 12 g Fett, 87 g Kohlenhydrate

Fertig in 30 Minuten

Dazu: gebratenes Fleisch oder gegrillter Fisch

INFO

Radicchio ist durch seine kräftig violette Farbe ein Hingucker. Seine stark geaderten Blätter schmecken leicht bitter, ähnlich wie Chicorée.

TIPP

Zestenreißer sind schon richtige Profigeräte. Wer keinen hat, schält die Orange dünn mit einem Sparschäler und schneidet die Schale dann quer in feine Streifen.

Polenta mit Champignons und Oliven

Für 4 Portionen / einfach

Salz, 300 g Polenta (Maisgrieß), 125 g mittelalter Gouda-Käse, 100 g Schlagsahne,
50 g geräucherter durchwachsener Speck, 1 große Zwiebel, 500 g Champignons,
2 EL Olivenöl, 1/8 l Brühe, 1/8 l Weißwein oder Brühe mit etwas Zitronensaft,
2–3 EL dunkler Soßenbinder, 3 Stängel Salbei,
75 g schwarze Oliven, frisch gemahlener Pfeffer, 3 EL Butter

Für die Polenta 1 1/4 l Wasser und 1 EL Salz aufkochen. Polenta einrieseln lassen und bei kleiner Hitze unter Rühren 3 Minuten kochen. Den Käse fein raspeln und zusammen mit der Sahne unter die Polenta rühren.

Den Speck würfeln. Zwiebel abziehen und hacken. Champignons putzen, große eventuell halbieren. Das Öl in einer großen Pfanne erhitzen. Speck und Zwiebelwürfel darin braun anbraten. Champignons dazugeben und ebenfalls braun anbraten.

Brühe und Wein in die Pfanne gießen und etwas Soßenbinder in die kochende Flüssigkeit rühren. Die Hälfte vom Salbei hacken und zusammen mit den Oliven dazugeben. Mit Salz und Pfeffer abschmecken.

Butter erhitzen und die restlichen Salbeiblätter darin anbraten. Salbeibutter über die Polenta geben und mit der Pilzmischung servieren.

Pro Portion ca. 720 Kcal, 22 g Eiweiß, 39 g Fett, 66 g Kohlenhydrate

Fertig in 50 Minuten

Dazu: Tomatensalat

VARIANTEN

Vegetarisch wird's, wenn Sie statt Speck eine rote Paprikaschote nehmen.

Oliven sind nicht jedermanns Sache. Sie können sie durch rote Paprika oder Brokkoli ersetzen und dieses Gemüse zusammen mit den Champignons garen.

Kartoffelschnitzel mit Tomatensoße

Für 3 Portionen / vegetarisch

TIPP

Schneller geht's mit gekochten Kartoffeln vom Vortag.

VARIANTE

Die Kartoffelscheiben vor dem Eintauchen in die Ei-Käse-Mischung mit 1 Scheibe Frühstücksspeck umwickeln.

Kartoffelschnitzel: 6 große fest kochende Kartoffeln, Salz, frisch gemahlener Pfeffer, 160 g alter Gouda-Käse, 4 Eier, Öl zum Braten;

Tomatensoße: 1 kleine Zwiebel, 1 EL Olivenöl, 500 g Tomatenstückchen (aus der Dose), Zucker, Salz, frisch gemahlener Pfeffer, 3 Stängel glatte Petersilie

Kartoffelschnitzel: Die Kartoffeln gründlich abspülen und in Salzwasser gut 20 Minuten kochen. Dann abgießen und abkühlen lassen. Die Schale abziehen. Die Kartoffeln in etwa 1 cm dicke Scheiben schneiden und mit Salz und Pfeffer würzen.

Den Käse fein reiben und mit den Eiern verrühren. Etwas Öl in einer Pfanne erhitzen. Die Kartoffelscheiben mit 2 Gabeln in der Ei-Käse-Mischung wenden und im heißen Öl bei mittlerer Hitze von jeder Seite etwa 2 Minuten braten. Herausnehmen und auf Küchenkrepp abtropfen lassen.

Tomatensoße: Die Zwiebel abziehen und fein würfeln. Das Öl erhitzen und die Zwiebelwürfel darin glasig dünsten. Tomatenstückchen dazugeben und alles aufkochen lassen. Soße mit Salz, Pfeffer und 1 Prise Zucker abschmecken.

Kartoffelschnitzel und Tomatensoße anrichten. Petersilie abspülen, trockenschütteln, die Blätter fein hacken und darüber streuen.

Pro Portion ca. 755 Kcal, 28 g Eiweiß, 54 g Fett, 39 g Kohlenhydrate

Ohne Wartezeit fertig in 1 Stunde

Dazu: gedünstete Blumenkohlröschen

Gefüllte Kartoffeln

Für 3 Portionen / mit Alkohol / braucht etwas Zeit

8 große fest kochende Kartoffeln (à ca. 180 g), Salz,
1–2 EL Öl und Öl für das Backblech, 200 g Schweineschnitzel, 2 Zwiebeln, 1 Möhre,
60 g Softpflaumen (weiche Backpflaumen ohne Stein), 1–2 Knoblauchzehen,
150 g Crème fraîche, 1–2 EL Weinbrand, frisch gemahlener Pfeffer,
16 frische Lorbeerblätter, 4–5 EL frisch geriebener Parmesan-Käse

Die Kartoffeln schälen und in Salzwasser etwa 20 Minuten vorkochen. Abgießen, etwas abkühlen lassen und halbieren. Kartoffelhälften mit einem Kugelausstecher oder einem Teelöffel aushöhlen und einen etwa 1 cm breiten Rand stehen lassen. Das ausgehöhlte Kartoffelfleisch mit einem Messer hacken. Kartoffelhälften von innen salzen und mit Öl bestreichen.

Für die Füllung die Schnitzel abspülen und mit Küchenkrepp trockentupfen. Zwiebeln abziehen, Möhre schälen. Fleisch, Zwiebeln, Möhren und Softpflaumen zuerst grob hacken, dann im Blitzhacker zerkleinern.

Knoblauch abziehen und durch die Knoblauchpresse drücken. Die zerkleinerte Füllung mit Knoblauch, Crème fraîche, den gehackten Kartoffeln und Weinbrand vermengen. Mit Salz und Pfeffer würzen und in die Kartoffeln füllen. 1 Lorbeerblatt in jede Kartoffelhälfte stecken.

Kartoffelhälften auf ein mit Öl bestrichenes Backblech setzen und im vorgeheizten Backofen bei 180 Grad, Umluft 160 Grad, Gas Stufe 3 etwa 30 Minuten backen. Kurz vor Ende der Garzeit mit dem Parmesan bestreuen.

Pro Portion ca. 680 Kcal, 32 g Eiweiß, 20 g Fett, 90 g Kohlenhydrate

Fertig in 1 Stunde 35 Minuten

Dazu: Feld- oder Tomatensalat

TIPP

Das Fleisch unbedingt in sehr kleine Würfel schneiden, bevor Sie es in den Mixer geben. Sind die Messer im Mixer nicht mehr ganz scharf, schafft er es häufig nicht, große Fleischstücke zu zerkleinern.

VARIANTE

Vegetarisch wird's, wenn Sie statt Schnitzel 1 Ei und 125 g grob geraspelten Gouda-Käse nehmen.

Mangoldröllchen mit Rosinenreis

Für 4 Portionen / vegetarisch

Rosinenreis: 175 g Langkornreis, Salz, 50 g Rosinen, 60 g Mandelstifte oder Pinienkerne, 1 EL flüssiger Honig, frisch gemahlener Pfeffer, Currypulver;
Mangoldröllchen: 1 Staude Mangold (ca. 700 g), Salz, 1 mittelgroße Zwiebel, 1 Knoblauchzehe, 3 EL Öl, 1–2 EL Sherry-Essig, frisch gemahlener Pfeffer

Rosinenreis: Den Reis auf ein Sieb geben, abspülen und in Salzwasser 20 Minuten kochen; nach 15 Minuten die abgespülten Rosinen dazugeben. Reis und Rosinen abgießen und abtropfen lassen. Mandelstifte in einer Pfanne ohne Fett goldgelb rösten; 1 EL davon zum Bestreuen beiseite stellen. Reis, Mandelstifte und Honig mischen und mit Salz, Pfeffer und Curry abschmecken.

Mangoldröllchen: Den Mangold putzen, abspülen und die Stiele abschneiden. Die großen grünen Blätter in Salzwasser 2 Minuten kochen, kalt abspülen und auf einem Küchentuch ausbreiten. Die hellen Mangoldstiele in Streifen schneiden. Zwiebel und Knoblauch abziehen und ebenfalls in Streifen schneiden. Zwiebel, Knoblauch und Mangoldstiele im heißen Öl unter Wenden kurz anbraten. Den Essig dazugeben und mit Salz und Pfeffer würzen.

Je 1 EL Rosinenreis auf jedes Mangoldblatt geben und aufrollen. Mangoldröllchen, -stiele und restlichen Reis auf einer Platte anrichten. Restliche Mandelstifte darüber streuen.

Pro Portion ca. 565 Kcal, 12 g Eiweiß, 27 g Fett, 67 g Kohlenhydrate

Fertig in 45 Minuten

Dazu: Joghurt-Minz-Soße

INFOS

Dieses Gericht stammt aus der arabischen Küche und kann heiß oder kalt gegessen werden.

Mangold ist zwei Gemüse in einem: Die dickfleischigen Blattrippen schmecken gedünstet oder in lange Streifen geschnitten und wie Spargel zubereitet. Die dunkelgrünen Blätter können wie Spinat gekocht werden. Die Blattrippen müssen etwas länger kochen, darum die dunklen Blätter erst kurz vor Ende der Garzeit untermischen.

Gebackener Blumenkohl mit Kabeljau

Für 3 Portionen / einfach

600 g Kabeljaufilet, 3 EL Zitronensaft, 1 EL mildes Currypulver, Salz, 3 EL Olivenöl, 800 g Blumenkohl, Fett für die Form;
Guss: 1 Knoblauchzehe, 1 kleine rote Chilischote, 200 g Schlagsahne, 2 Eier, Salz, 1/2 unbehandelte Zitrone

Kabeljaufilet abspülen, trockentupfen und in Stücke schneiden. Zitronensaft, Curry, Salz und Öl verrühren, mit den Fischstücken mischen und 30 Minuten ziehen lassen. Blumenkohl putzen und in Röschen teilen; junge, zarte Kohlblätter beiseite legen.

Kohlröschen in Salzwasser etwa 3 Minuten kochen, dann kalt abspülen und abtropfen lassen. Röschen und Fischwürfel in eine gefettete ofenfeste Form schichten. Kohlblätter darauf legen.

Guss: Knoblauch abziehen und hacken. Chilischote längs aufschneiden, Kerne entfernen und die Chili fein hacken (mit Küchenhandschuhen arbeiten). Knoblauch, Chili, Sahne und Eier verrühren, mit Salz würzen und über den Auflauf gießen.

Zitrone heiß abspülen, in dünne Scheiben schneiden und darauf legen. Im vorgeheizten Backofen bei 200 Grad, Umluft 180 Grad, Gas Stufe 4 etwa 40 Minuten backen.

Pro Portion ca. 590 Kcal, 46 g Eiweiß, 41 g Fett, 9 g Kohlenhydrate

Fertig in 1 Stunde 20 Minuten

Dazu: Reis, Salzkartoffeln oder Kartoffelschnee mit Kräutern

INFO

Chilischoten sind sehr scharf; ihr Saft brennt auf den Schleimhäuten und auch unter den Fingernägeln. Darum möglichst Küchen- oder Einweghandschuhe tragen und bloß nicht zwischendurch die Augen wischen.

VARIANTE

Statt Blumenkohl passen auch Brokkoli, Kohlrabi oder Fenchel zum Fisch.

Nudeln vom Blech

Für 18 Stücke / vegetarisch / einfach

250 g Porree, 250 g Möhren, 500 g Nudeln (z. B. kurze Makkaroni), Salz, 50 g Cashewnüsse, 1 Zwiebel, 1 TL Butter oder Margarine, 6 Eier, 300 g Vollmilchjoghurt, 1 leicht gehäufter TL Speisestärke, 1 TL Currypulver, frisch gemahlener Pfeffer, Fett für die Fettpfanne

Den Porree putzen, abspülen und einmal längs halbieren. Einige Porreeblätter ablösen und ganz lassen, den Rest in Ringe schneiden. Möhren putzen, abspülen und in Streifen schneiden.

Die Nudeln nach Packungsanweisung in Salzwasser bissfest kochen. Kurz vor Ende der Garzeit die Möhren zu den Nudeln geben und 3 Minuten mitkochen. Porreeblätter und -ringe zufügen und 1 Minute mitkochen.

Nudeln und Gemüse auf einem Sieb gut abtropfen lassen. Ganze Porreeblätter beiseite legen. Die Cashewnüsse grob hacken und in einer Pfanne ohne Fett goldbraun rösten. Zwiebel abziehen und fein würfeln. Das Fett in einer Pfanne erhitzen und die Zwiebelwürfel darin glasig dünsten.

Eier, Joghurt, Stärke, abgekühlte Cashewnüsse, gedünstete Zwiebelwürfel, Curry, Salz und Pfeffer verrühren. Die Nudel-Gemüse-Mischung in die gefettete Fettpfanne des Backofens geben und die Porreeblätter kreuzweise darüber legen, so dass ein Gittermuster entsteht. Den Eier-Joghurt-Guss darüber geben.

Im vorgeheizten Backofen bei 200 Grad, Umluft 180 Grad, Gas Stufe 4 etwa 15 Minuten backen. In kleine Quadrate schneiden und heiß oder kalt servieren.

Pro Stück ca. 180 Kcal, 8 g Eiweiß, 6 g Fett, 22 g Kohlenhydrate

Fertig in 50 Minuten

Dazu: grüner Salat

TIPPS

Falls Nudeln und Gemüse schon abgekühlt sind, wenn sie aufs Blech kommen, verlängert sich die Backzeit um 5 bis 10 Minuten.

Die langen Porreeblätter eventuell vor dem Zerteilen mit einer Schere vorschneiden. Mit einem Messer können Sie den Porree nur schwer schneiden.

VARIANTEN

Noch kräftiger schmeckt's, wenn Sie gekochten Schinken oder Fleischwurstwürfel unter die Nudeln mischen.

Sie können in jedes Quadrat noch eine halbierte Kirschtomate legen.

Chili con carne im Kürbis

Für 10 Portionen / einfach / braucht etwas Zeit

1 Kürbis (ca. 4 kg), Salz, frisch gemahlener Pfeffer, 300 g rote Linsen, 60 g Mandelstifte, 3 Zwiebeln, 2 Knoblauchzehen, 1 kleine rote Chilischote, 3 EL Olivenöl, 750 g gemischtes Hackfleisch, 500 g Mett (gewürztes grobes Schweinehackfleisch), 1 Dose geschälte Tomaten (800 g Füllmenge), 2 EL getrocknete italienische Kräuter

Vom Kürbis einen Deckel abschneiden und die Kerne mit einem Esslöffel herauslösen. Den ausgehöhlten Kürbis von innen mit Salz und Pfeffer einreiben.

Die Linsen in kochendes Wasser geben, 3 Minuten kochen, auf ein Sieb geben und kalt abspülen. Abtropfen lassen. Die Mandelstifte in einer Pfanne ohne Fett goldbraun rösten. Aus der Pfanne nehmen und beiseite stellen.

Zwiebeln abziehen und fein würfeln. Knoblauch abziehen und zerdrücken. Chilischote längs aufschneiden und entkernen (mit Küchenhandschuhen arbeiten). Chili fein hacken. Zwiebeln, Chili und Knoblauch im heißen Öl glasig dünsten. Beide Fleischsorten portionsweise dazugeben, mit einer Gabel zerdrücken und krümelig braun anbraten.

Das Hackfleisch mit Salz und Pfeffer würzen. Linsen, Tomaten mit der Flüssigkeit und Mandelstifte dazugeben. Nochmals kräftig mit Salz, Pfeffer und den italienischen Kräutern abschmecken und in den Kürbis füllen. Kürbisdeckel wieder auflegen. Im vorgeheizten Backofen bei 200 Grad, Umluft 180 Grad, Gas Stufe 4 etwa 110 Minuten garen.

Pro Portion ca. 450 Kcal, 32 g Eiweiß, 28 g Fett, 17 g Kohlenhydrate

Fertig in 2 Stunden 20 Minuten

Dazu: Baguette oder Toastbrot

TIPPS

Beim Füllen mit dem Löffel etwas Kürbisfleisch vom Inneren mit abkratzen.

Das Chili (ohne Kürbis) lässt sich gut einfrieren.

VARIANTE

Ohne Kürbis geht's auch: Das Chili wie beschrieben zubereiten und zusätzlich 1 große Dose geschälte Tomaten zufügen. Dann noch etwa 15 Minuten in einem Topf kochen lassen und eventuell etwas Brühe dazugießen. Erneut abschmecken und mit Brot servieren. Das Chili reicht so für etwa 6 bis 8 Portionen.

Kürbis mit Kasseler-Füllung

Für 4 Portionen / einfach / braucht etwas Zeit

2 kleine Hokkaido-Kürbisse (à etwa 800 g),
Salz, frisch gemahlener Pfeffer, 250 g Gemüsezwiebel, 1 säuerlicher Apfel,
500 g ausgelöster Kasseler Nacken (ohne Knochen),
3–4 EL Öl, 1 TL mildes Currypulver, 2 Lorbeerblätter, Fett für das Backblech

Kürbisse heiß abspülen und trockentupfen. Je einen Deckel abschneiden, mit einem Esslöffel die Kerne herauslösen und die Kürbisse aushöhlen. Von innen salzen und pfeffern.

Zwiebel abziehen und in Streifen schneiden. Apfel schälen, vierteln, das Kerngehäuse herausschneiden und das Fruchtfleisch würfeln. Das Fleisch in mundgerechte Stücke schneiden.

Die Hälfte vom Öl erhitzen und die Zwiebel darin kurz andünsten. Apfelwürfel und Curry dazugeben und kurz mitdünsten. Aus der Pfanne nehmen. Restliches Öl in die Pfanne geben und das Fleisch darin rundherum anbraten. Fleisch zusammen mit dem Bratensaft, dem Apfel-Zwiebel-Gemüse und je 1 Lorbeerblatt in die Kürbisse füllen. Kürbisdeckel auflegen. Kürbisse auf ein gefettetes Backblech legen und im vorgeheizten Backofen bei 200 Grad, Umluft 180 Grad, Gas Stufe 4 etwa 40 bis 50 Minuten backen. Zum Servieren in Spalten schneiden. Die Schale kann mitgegessen werden.

Pro Portion ca. 320 Kcal, 15 g Eiweiß, 18 g Fett, 25 g Kohlenhydrate

Fertig in 1 Stunde 35 Minuten

Dazu: Kartoffelpüree oder Polenta

VARIANTEN

Die Kasseler-Füllung schmeckt auch zu ausgehöhlten Fleischtomaten (15 bis 20 Minuten garen) oder Zucchini (20 bis 25 Minuten garen). Die Fleischstückchen dafür etwas kleiner schneiden, sonst lässt sich das Gemüse nur schwer füllen.

Auch ohne Kürbis möglich: Das Fleisch in der Pfanne anbraten und 200 g Sahne dazugießen. Zugedeckt etwa 10 Minuten bei kleiner Hitze schmoren lassen; aus der Pfanne nehmen. Zwiebel und Apfel wie beschrieben andünsten und würzen. Fleisch wieder dazugeben, würzen und servieren.

Geräucherte Putenbrust mit Picalilli-Soße

Für 10 Portionen / einfach / schnell

1 rote Paprikaschote, 100 g TK-Erbsen, Salz, 1 Glas Senfgurken (215 g Abtropfgewicht), 100 g abgetropfte Maiskörner (aus der Dose), 150 g Magermilchjoghurt, 250 g Salatcreme (20 % Fett) oder Salatmayonnaise, Currypulver, Zucker, 1,5 kg geräucherte Putenbrust im Stück, 2 Stängel glatte Petersilie

Paprikaschote vierteln, entkernen, abspülen und würfeln; einige Würfel beiseite legen. Erbsen in Salzwasser einmal aufkochen. Senfgurken würfeln. Mais und die vorbereiteten Zutaten mischen. Joghurt und Salatcreme unterrühren und mit Curry, Salz und Zucker abschmecken.

Putenbrust in Scheiben schneiden und mit den restlichen Paprikawürfeln und gehackter Petersilie bestreuen. Die Picalilli-Soße gibt es dazu.

Pro Portion ca. 260 Kcal, 38 g Eiweiß, 8 g Fett, 7 g Kohlenhydrate

Fertig in 30 Minuten

» Manchmal muss es bei mir einfach schnell gehen. «

Dann nehme ich Remouladensoße oder eine andere fertige Grill- bzw. Fonduesoße aus dem Glas dazu – das schmeckt auch!

Rote-Bete-Suppe

Für 4 Portionen / braucht etwas Zeit

750 g Suppenfleisch, 3 TL körnige Brühe (Instant), 1/2 TL Pfefferkörner, 2 Lorbeerblätter, 1 Bund Suppengrün, 1 kg rote Bete, Salz, frisch gemahlener Pfeffer, 2–3 EL Weißweinessig, 2 Stängel Dill, 1/2 Bund glatte Petersilie, 150 g Crème fraîche

Fleisch abspülen und mit 1 1/2 l Wasser, gekörnter Brühe, Pfefferkörnern und Lorbeerblättern zugedeckt etwa 45 Minuten kochen lassen.

Inzwischen Suppengrün putzen, abspülen und in kleine Stücke schneiden. Zum Fleisch geben und weitere 25 Minuten kochen lassen.

Inzwischen rote Bete schälen und in Stifte schneiden. In die Suppe geben und weitere 20 Minuten kochen lassen.

Das Fleisch herausnehmen, von den Knochen lösen und Fett und Sehnen entfernen. Fleisch würfeln und wieder in die Suppe geben. Mit Salz, Pfeffer und Essig abschmecken.

Dill und Petersilie abspülen, trockenschütteln und fein hacken. Die Crème fraîche glatt rühren und als Klecks auf die Suppe geben. Mit den Kräutern bestreuen.

Pro Portion ca. 525 Kcal, 47 g Eiweiß, 27 g Fett, 22 g Kohlenhydrate

Fertig in 1 Stunde 45 Minuten

INFO

Rote Bete sollte häufiger auf den Tisch kommen: Sie ist reich an B-Vitaminen und den Mineralstoffen Kalium, Kalzium und Phosphor, wirkt anregend auf die Nieren und fördert die Verdauung. Aber Achtung: Beim Zubereiten Küchenhandschuhe tragen oder die Hände vorher anfeuchten, rote Bete färbt stark.

TIPP

Die Suppe können Sie schon am Vortag kochen. Dann einfach aufwärmen und mit Crème fraîche und den frisch gehackten Kräutern servieren.

Möhren-Kürbis-Suppe

Für 4 Portionen / vegetarisch / einfach / schnell

300 g Kürbis, 300 g Möhren, 1 EL Öl, 1/4 l Gemüsebrühe, 1/4 l Milch, 1/4 l Apfelsaft, Salz, frisch gemahlener Pfeffer, 1 Scheibe Toastbrot, 2–3 EL Kürbiskern- oder Olivenöl, 1–2 EL Crème fraîche oder Schmand

Möhren und Kürbis putzen und bis auf 1 Möhre in Stücke schneiden. Das Öl in einem Topf erhitzen. Möhren- und Kürbisstücke darin andünsten. Brühe und Milch dazugießen und bei kleiner Hitze etwa 15 Minuten kochen lassen.

Gemüse mit dem Stabmixer in der Flüssigkeit fein pürieren. Den Apfelsaft dazugießen und alles aufkochen lassen. Nochmals kurz pürieren und die Suppe mit Salz und Pfeffer abschmecken.

Das Toastbrot in kleine Würfel schneiden. 2 EL Kürbiskern- oder Olivenöl in einer Pfanne erhitzen. Brotwürfel darin unter Wenden knusprig braten.

Restliche Möhre grob raspeln. Die Suppe auf Teller verteilen und je 1 Klecks Crème fraîche und eventuell 1/2 TL Kürbiskernöl darauf geben. Brotwürfel und Möhrenraspel darüber streuen.

Pro Portion ca. 265 Kcal, 4 g Eiweiß, 19 g Fett, 19 g Kohlenhydrate

Fertig in 30 Minuten

Dazu: geröstetes Toastbrot oder Baguette

TIPP

Sie können die Suppe schon einen Tag früher kochen. Vor dem Essen dann nur noch erhitzen und mit Crème fraîche und Möhren garnieren.

VARIANTE

Als Einlage passen zusätzlich geräucherter Schinken oder Forelle oder gewürfelter Staudensellerie (pro Portion etwa 40 g).

Gefüllte Schweinerippe

Für 4 Portionen / braucht etwas Zeit

1,2 kg Schweinerippenbraten
(vom Fleischer eine Tasche in das Fleisch schneiden lassen),
Salz, frisch gemahlener Pfeffer, 1 EL grob gestoßene Korianderkörner;
Füllung: 2 Äpfel (ca. 370 g), 2 Zwiebeln, 40 g geräucherter durchwachsener Speck,
1 Bund Majoran oder 1–2 TL getrockneter Majoran, Salz, frisch gemahlener Pfeffer;
1 Möhre, 200 ml Cidre oder Apfelsaft

Das Fleisch abspülen, mit Küchenkrepp trockentupfen und von innen und außen mit Salz, Pfeffer und Koriander einreiben.

Füllung: Die Äpfel schälen, Zwiebeln abziehen. Die Äpfel vierteln, die Kerngehäuse entfernen und die Apfelviertel in Würfel schneiden. Zwiebeln und Speck fein würfeln.

Die Speckwürfel in einer Pfanne bei kleiner Hitze langsam ausbraten. Die Zwiebelwürfel dazugeben und 2 Minuten dünsten. Apfelwürfel und die abgezupften Blättchen von 1/2 Bund Majoran (bzw. die Hälfte vom getrockneten Majoran) untermischen. Mit Salz und Pfeffer würzen.

Die Füllung in die Fleischtasche geben und die Tasche mit Holzstäbchen quer zustecken. Küchengarn um die Holzstäbchen binden und den Braten wie einen Schnürschuh verschließen. Die restlichen Majoranstängel auf das Fleisch legen und festbinden (getrockneten Majoran auf das Fleisch streuen).

Möhre schälen und in Stücke schneiden. Möhrenstücke und die restliche Füllung zusammen mit dem Fleisch in einen großen Bratbeutel geben. Den Beutel nach Packungsanweisung verschließen und die Folie mit einer Gabel mehrmals einstechen. Auf den kalten Backofenrost legen. Im vorgeheizten Backofen bei 200 Grad, Umluft 180 Grad, Gas Stufe 4 etwa 100 Minuten braten.

Das Fleisch und die Füllung aus dem Beutel nehmen und warm stellen. Die Bratenflüssigkeit in einen Topf geben, den Cidre dazugießen und alles aufkochen lassen. Die Soße mit Salz und Pfeffer abschmecken. Das Fleisch in Scheiben schneiden und den Bratfond dazu servieren.

Pro Portion ca. 780 Kcal, 84 g Eiweiß, 37 g Fett, 27 g Kohlenhydrate

Fertig in 2 Stunden 15 Minuten

Dazu: ein Püree je zur Hälfte aus Petersilienwurzeln und Kartoffeln

TIPPS

Die Scheiben mit einem sehr scharfen Messer nicht zu dünn schneiden, sonst fällt die Füllung leicht heraus.

Eventuell vom Fleischer auch schon die Knochen herauslösen lassen, dann geht das Schneiden einfacher.

Die Füllung ist vielseitig einsetzbar. Sie schmeckt zu etwas fetterem Schweinebauch ebenso wie zu magerem Hähnchen oder Pute.

Coq au vin

Für 4 Portionen / mit Alkohol / einfach / braucht etwas Zeit

TIPPS

Den Rotwein unbedingt auf die Hälfte einkochen lassen, dann wird die Soße besonders kräftig und das Fleisch nimmt das kräftige Aroma vom Schmorsud ebenfalls auf.

Schalotten und Zwiebeln können Sie ganz einfach abziehen: Mit kochendem Wasser übergießen und darin etwa 10 Minuten ziehen lassen.

1 großes Brathähnchen (1,2 kg), Salz, frisch gemahlener Pfeffer, 1–2 EL Mehl,
100 g geräucherter durchwachsener Speck, 400 g Schalotten oder kleine Zwiebeln,
300 g Champignons, 1 EL Butter oder Margarine, 2 EL Öl,
1 Flasche Rotwein (0,7 l), 2 Knoblauchzehen, 1 kleiner Lorbeerzweig,
2 Stängel Thymian oder 1/4 TL getrockneter Thymian, etwas Zucker

Das Hähnchen abspülen, mit Küchenkrepp trockentupfen und in 4 Stücke teilen. Die Hähnchenteile mit Salz und Pfeffer einreiben und in Mehl wenden. Den Speck würfeln. Schalotten abziehen und halbieren. Champignons putzen und je nach Größe eventuell halbieren.

Hähnchenteile in einem Schmortopf im heißen Fett-Öl-Gemisch braun anbraten. Speckwürfel und Schalotten ins Bratfett geben und kurz mitbraten. Alles mit einer Schaumkelle aus dem Topf heben. Rotwein in den Topf gießen und auf die Hälfte einkochen lassen.

Knoblauch abziehen und durch die Knoblauchpresse drücken. Hähnchenteile, Champignons, Schalotten, Speck, zerdrückten Knoblauch, Lorbeerzweig und Thymianstängel zugeben und alles bei mittlerer Hitze etwa 50 Minuten zugedeckt schmoren.

Lorbeerblätter und Thymianstängel entfernen. Die Soße mit Salz, Pfeffer und Zucker abschmecken.

Pro Portion ca. 810 kcal, 68 g Eiweiß, 43 g Fett, 13 g Kohlenhydrate

Fertig in 1 Stunde 40 Minuten

Dazu: knusprig gebratene Kartoffeln oder Kartoffel-Gratin und Ratatouille

Hähnchenbrust mit Apfelspalten

Für 2 Portionen / einfach / schnell

2 Hähnchenbrustfilets (300 g), Salz, 1 EL Öl, mildes Currypulver, 1 TL milder Honig, 100 ml Apfelsaft, 1 großer Apfel, 1/2 Orange, frisch gemahlener Pfeffer, 2 Stängel glatte Petersilie

Hähnchenbrust abspülen, trockentupfen und mit Salz bestreuen. Öl in einer Pfanne erhitzen und das Hähnchenfleisch darin von beiden Seiten braun anbraten. Etwas Curry darüber stäuben, den Honig über das Fleisch träufeln und den Apfelsaft dazugießen. In der geschlossenen Pfanne etwa 15 Minuten schmoren lassen.

Den Apfel heiß abspülen, trockenreiben, vierteln, entkernen und in Spalten schneiden. Orangenhälfte auspressen. Orangensaft und Apfelspalten zum Fleisch geben und noch etwa 3 Minuten mitschmoren. Mit Salz und Pfeffer würzen. Petersilie abspülen, die Blättchen abzupfen und darüber streuen.

Pro Portion ca. 255 Kcal, 36 g Eiweiß, 6 g Fett, 13 g Kohlenhydrate

Fertig in 25 Minuten

Dazu: Kräuterreis oder Kartoffelschnee

TIPPS

Wenn Sie Gäste haben, können Sie alle Mengen verdoppeln oder verdreifachen.

Die Soße wird besonders lecker, wenn Sie einen Schuss Calvados dazugeben.

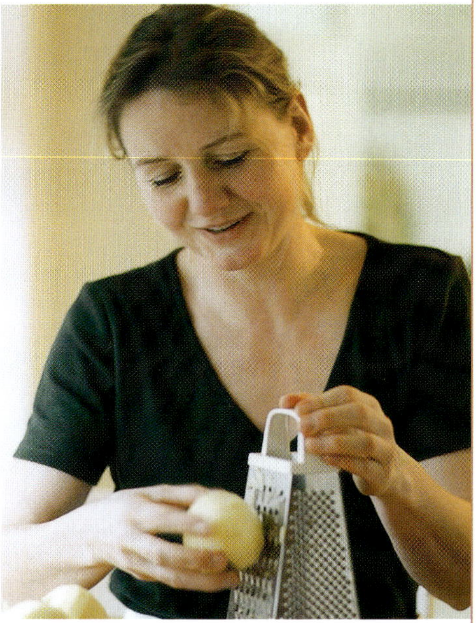

Pochierte Birnen mit Zimtsahne

Für 6 Portionen / einfach

3 reife dicke Birnen, 5 EL Zucker, 2 Päckchen Vanillezucker, 1 Limette,
6 EL brauner Zucker, 200 g Schlagsahne, etwas gemahlener Zimt

Birnen schälen, halbieren und entkernen. 1/2 l Wasser, 4 EL Zucker und Vanillezucker aufkochen. Die Limette heiß abspülen, trockenreiben und die Schale fein abreiben, den Saft auspressen. Saft und Schale in den Zuckersud geben.

Birnenhälften in den Sud geben und bei kleiner Hitze etwa 5 Minuten ziehen lassen. Im Sud abkühlen lassen. Birnen abtropfen lassen und fächerförmig einschneiden, so dass das Fruchtfleisch am Stielende noch zusammenhängt. Birnenhälften in kleine ofenfeste Förmchen legen und mit braunem Zucker bestreuen.

Den Zucker unter dem vorgeheizten Grill oder in dem auf höchster Stufe vorgeheizten Backofen karamellisieren lassen.

Sahne halb steif schlagen und mit dem restlichen Zucker und Zimt abschmecken. Den Birnensud durch ein Sieb gießen und zusammen mit der Zimtsahne zu den Birnen servieren.

Pro Portion ca. 230 Kcal, 1 g Eiweiß, 10 g Fett, 33 g Kohlenhydrate

Ohne Wartezeit fertig in 40 Minuten

TIPPS

Schneller geht's, wenn Sie die Birnen schon am Vortag kochen und über Nacht im Sud abkühlen und durchziehen lassen.

»Heute gibt's die Birnen mal in Rot.«

Ich mache einfach Rotweinbirnen draus! Statt Wasser nehme ich Rotwein und lasse die Birnen eine Nacht lang ziehen. Zum Servieren nicht mehr karamellisieren, dann würde der leichte Weingeschmack überlagert.

Gratinierte Trauben mit Käseschaum

Für 2 Portionen / einfach / mit Alkohol / schnell

je 125 g blaue und weiße Trauben, 1 Ei, Salz, 50 g Ziegenfrischkäse, etwas Sherry

Die Trauben abspülen, halbieren und eventuell entkernen. Trauben in 2 kleine ofenfeste Förmchen geben. Das Ei trennen. Eiweiß und Salz mit den Quirlen des Handrührers steif schlagen. Ziegenkäse mit einer Gabel fein zerdrücken. Eigelb und Ziegenkäse mit den Quirlen des Handrührers unter den Eischnee schlagen.

Die Ei-Käse-Creme auf die Trauben geben und unter dem vorgeheizten Grill etwa 5 bis 10 Minuten grillen, bis der Käseschaum leicht gebräunt ist. Etwas Sherry über die Trauben geben und sofort servieren.

Pro Portion ca. 190 Kcal, 9 g Eiweiß, 9 g Fett, 18 g Kohlenhydrate

Fertig in 15 Minuten

Dazu: knusprig gebackene Blätterteigstangen

TIPP

Dieses Gericht schmeckt als Vor- oder Nachspeise, braucht nur wenige Zutaten und ist ruck, zuck fertig.

VARIANTE

Statt Ziegenfrischkäse können Sie auch Edelpilzkäse (z. B. »Bavaria blue«) nehmen.

Kartoffelpfannkuchen mit Zwetschgengrütze

Für 6 Portionen / mit Alkohol / braucht etwas Zeit

Pfannkuchen: 850 g mehlig kochende Kartoffeln, 4 Eier, Salz, 200 g Mehl, 1 gestrichener TL Backpulver, 400 ml Milch, 2–3 EL Butter oder Margarine zum Braten, 5–6 EL Zucker zum Bestreuen;
Zwetschgengrütze: 500 g Zwetschgen, 325 ml Pflaumen- oder Kirschsaft, 20 g Speisestärke, 50 ml roter Portwein, 85 g Zucker

Pfannkuchen: Die Kartoffeln abspülen und mit der Schale etwa 25 Minuten kochen. Die Schale abziehen und die Kartoffeln noch heiß durch die Kartoffelpresse drücken. Eier, 1 Prise Salz, Mehl, Backpulver und Milch unter das Kartoffelpüree rühren.

Etwas Fett in einer Pfanne erhitzen. Aus dem Kartoffelteig nacheinander 6 Pfannkuchen backen. Pfannkuchen von jeder Seite in etwa 6 Minuten goldbraun braten, auf einen flachen Topfdeckel gleiten lassen und wenden. Fertige Pfannkuchen aus der Pfanne nehmen, auf Küchenkrepp kurz abtropfen lassen und mit Zucker bestreuen. Im Backofen warm halten.

Zwetschgengrütze: Zwetschgen abspülen, halbieren und entsteinen. 4 EL Saft und die Stärke verrühren. Restlichen Saft, Portwein und Zucker aufkochen, die Früchte hineingeben und nochmals kurz aufkochen lassen. Die angerührte Stärke in den Saft rühren und aufkochen. Grütze nochmals mit Zucker abschmecken und zusammen mit den warmen Kartoffelpfannkuchen servieren.

Pro Portion ca. 510 Kcal, 14 g Eiweiß, 11 g Fett, 84 g Kohlenhydrate

Fertig in 1 Stunde 40 Minuten

TIPP

Damit Sie nicht ewig am Herd stehen, braten Sie die Pfannkuchen am besten in 2 Pfannen. Oder Sie nehmen fertige tiefgekühlte Kartoffelpuffer und braten sie auf.

Birnen-Schokoladen-Torte

Für 12 Stücke / einfach

Biskuitteig: 3 Eier, 150 g Zucker, 1 Päckchen Vanillezucker, 60 g gemahlene Mandeln, 80 g Mehl, 1 gehäufter EL Kakaopulver, 1 gestrichener TL Backpulver, 5 EL Mokkalikör oder starker Kaffee;
Füllung: 4 reife Birnen (oder 1 Dose Birnenhälften, 455 g Abtropfgewicht), 1/2 Zitrone, 5 gehäufte EL Zucker, 250 g Schlagsahne, 250 g stichfeste saure Sahne, 40 g gehackte Mandeln, 1/2 TL gemahlener Zimt

Biskuitteig: Die Eier trennen. Eiweiße und 4 EL lauwarmes Wasser mit den Quirlen des Handrührers steif schlagen. Zucker und Vanillezucker einrieseln lassen und weiterschlagen, bis sich der Zucker gelöst hat. Eigelbe unterrühren.

Mandeln, Mehl, Kakao und Backpulver mischen. Mit einem Schneebesen unter die Eigelbmasse heben und den Biskuit in eine am Boden mit Backpapier ausgelegte Springform (26 cm Ø) geben. Im vorgeheizten Backofen bei 180 Grad, Umluft 160 Grad, Gas Stufe 3 etwa 20 bis 30 Minuten backen. Biskuit abkühlen lassen und einen etwa 1/2 cm dicken Deckel davon abschneiden.

Füllung: Birnen schälen, vierteln, entkernen und in Spalten schneiden. Ausgepressten Zitronensaft, 4 EL Zucker und 3/4 l Wasser aufkochen, Birnenspalten hineingeben und einmal kurz aufkochen lassen. Im Kochsud abkühlen lassen.

Sahne steif schlagen und die saure Sahne unterrühren. Den dicken Boden mit dem Likör beträufeln, mit 4 bis 5 EL von der Sahnecreme bestreichen und die abgetropften Birnenspalten darauf legen.

Den dünnen Biskuitdeckel zerbröseln und zusammen mit den gehackten Mandeln unter die restliche Sahnecreme rühren. Bröselcreme kuppelartig auf die Birnenspalten streichen. Restlichen Zucker und Zimt mischen und darüber streuen.

Pro Stück ca. 300 Kcal, 6 g Eiweiß, 15 g Fett, 31 g Kohlenhydrate

Ohne Wartezeiten fertig in 1 Stunde 15 Minuten

TIPPS

Die Ränder der Springform nicht mit Backpapier auslegen oder fetten. Der Teig muss sich beim Backen am Rand »festhalten« können, sonst sackt er beim Abkühlen wieder zusammen.

Um den Deckel abzuschneiden, mit einem Messer in einem 1/2 cm breiten Abstand von der Oberkante am Rand rundherum einschneiden. Einen Zwirnsfaden rundherum in den Einschnitt legen und die Enden über Kreuz zusammenziehen. Der Faden schneidet dann den Biskuit exakt durch.

Topfenpalatschinken

Für 8 Portionen / braucht etwas Übung / braucht etwas Zeit

Pfannkuchenteig: 3 Eier, 1/4 l Milch, Salz,
140 g Mehl, Butter oder Margarine zum Braten und für die Form;
Füllung: 250 g Magerquark, 50 g weiche Butter oder Margarine,
1/2 Päckchen Zitronenschalen-Aroma, 40 g Puderzucker, 1 Ei,
1 EL Vanillepuddingpulver, 2 EL Rosinen;
Guss: 150 ml Milch, 200 g Schmand, 50 g Zucker, 1 Päckchen Vanillezucker, 3 Eier;
Puderzucker zum Bestäuben

Pfannkuchenteig: Eier, Milch und 1 Prise Salz verrühren. Das Mehl darüber sieben und mit einem Schneebesen unterrühren. Etwas Fett in einer Pfanne erhitzen und nacheinander aus dem Teig etwa 8 dünne goldbraune Pfannkuchen (18 bis 20 cm Ø) backen.

Füllung: Quark, Fett, Zitronenschalen-Aroma und Puderzucker mit den Quirlen des Handrührers hell und cremig rühren. Das Ei trennen. Eigelb und Puddingpulver unterrühren. Das Eiweiß steif schlagen und zusammen mit den abgespülten Rosinen mit einem Schneebesen unter die Quarkcreme heben.

Die Pfannkuchen mit der Quarkcreme bestreichen, aufrollen und einmal schräg durchschneiden. Die Röllchen mit der Schnittkante nach oben dachziegelartig in eine gefettete Auflaufform legen. Im vorgeheizten Backofen bei 180 Grad, Umluft 160 Grad, Gas Stufe 3 etwa 15 Minuten vorbacken.

Guss: Alle Zutaten zu einem glatten Guss verrühren, über die Röllchen gießen und weitere 20 bis 25 Minuten backen, bis der Guss fest geworden ist. Mit Puderzucker bestäuben.

Pro Portion ca. 455 Kcal, 15 g Eiweiß, 28 g Fett, 35 g Kohlenhydrate

Fertig in 1 Stunde 35 Minuten

Dazu: Obstkompott

TIPP

Wer gerne süße Hauptgerichte mag, kann sich auch an Topfenpalatschinken satt essen: Das Rezept reicht dann für 3 Portionen.

Brotauflauf mit Aprikosen und Mohn

Für 8 Portionen / einfach

3 Baguette-Brötchen, 5 Eier, 500 g Vanillejoghurt, 2 Päckchen Vanillezucker,
1 Dose Aprikosenhälften (475 g Abtropfgewicht),
125 g backfertige Mohnmischung (Mohnback), 2 EL Puderzucker

Die Brötchen in Würfel schneiden. Eier, Joghurt und Vanillezucker mit einem Schneebesen verschlagen. Die Aprikosen auf einem Sieb abtropfen lassen und je nach Größe eventuell halbieren.

Brotwürfel, Aprikosen und die Hälfte der Eier-Joghurt-Mischung verrühren und in eine ofenfeste Form geben. Die Mohnpaste mit einem Teelöffel als Flöckchen darauf verteilen. Restliche Eier-Joghurt-Mischung darüber gießen.

Im vorgeheizten Backofen bei 180 Grad, Umluft 160 Grad, Gas Stufe 3 etwa 30 Minuten backen. Mit Puderzucker bestäuben und noch lauwarm servieren.

Pro Portion ca. 240 Kcal, 9 g Eiweiß, 7 g Fett, 33 g Kohlenhydrate

Fertig in 45 Minuten

Dazu: Vanillesoße

VARIANTE

Statt Mohn können Sie auch Pflaumenmus als Kleckse auf den Auflauf geben oder einige Esslöffel gehackte Mandeln, Hasel- oder Walnüssen darüber streuen.

Zwetschgenkuchen mit Zimtstreuseln

Für etwa 20 Stücke / einfach

Quark-Öl-Teig: 200 g Mehl und Mehl zum Bearbeiten, 1 Päckchen Backpulver, 100 g gehackte Mandeln, 150 g Speisequark (20 % Fett), 70 g Zucker, 6 EL Milch, 6 EL Öl, 1/2 Päckchen Orangenschalen-Aroma, Fett für das Backblech;

Belag: 1,8 kg Zwetschgen, 3 EL Semmelbrösel;

Zimtstreusel: 300 g Mehl, 150 g Zucker, 1 TL gemahlener Zimt, 200 g weiche Butter oder Margarine

Quark-Öl-Teig: Alle Zutaten mit den Knethaken des Handrührers zu einem glatten Teig verkneten.

Belag: Die Zwetschgen abspülen und gut trockentupfen. An der »Naht« entlang aufschneiden und entsteinen. Semmelbrösel in einer Pfanne ohne Fett leicht rösten. Herausnehmen und abkühlen lassen.

Zimtstreusel: Alle Zutaten zunächst mit den Knethaken des Handrührers verkneten, dann mit den Händen zu Streuseln zerkrümeln.

Den Quark-Öl-Teig auf wenig Mehl in Größe des Backbleches ausrollen und auf das gefettete und mit Mehl bestreute Backblech legen. Semmelbrösel darüber streuen und die Zwetschgen dachziegelartig darauf legen. Zimtstreusel über die Früchte streuen.

Im vorgeheizten Backofen bei 200 Grad, Umluft 180 Grad, Gas Stufe 4 etwa 45 Minuten backen; den Kuchen eventuell zwischendurch abdecken, damit er nicht zu dunkel wird. Am besten noch lauwarm servieren.

Pro Stück ca. 310 Kcal, 5 g Eiweiß, 15 g Fett, 38 g Kohlenhydrate

Fertig in 1 Stunde 30 Minuten

Dazu: halb steif geschlagene Sahne

TIPPS

Quark-Öl-Teig ist schnell gemacht und als Blechkuchen eine Alternative für alle, die sich an den zeitaufwändigen Hefeteig nicht herantrauen. Frisch schmeckt er am besten.

Der Kuchen lässt sich prima einfrieren.

» Immer nur Zwetschgen? «

Nicht bei mir!
Als Obstbelag nehme ich je nach Angebot auch Äpfel, Birnen, Rhabarber oder Stachelbeeren.
Bei sehr sauren Früchten kommt vor dem Backen zusammen mit den Streuseln noch etwas Zucker darüber.

Apfelsuppe mit Rosinen

Für 6 Portionen / einfach / schnell

50 g Rosinen, 1 l Apfelsaft, 1/2 l trockener Weißwein, Cidre oder Apfelsaft, 1 Päckchen Vanillezucker, 1 Stange Zimt, 40 g Speisestärke, 1 Zitrone, 2–3 EL Zucker, 400–500 g Äpfel

Rosinen in ein Sieb geben, abspülen und abtropfen lassen. Apfelsaft, Weißwein oder Cidre, Vanillezucker, Zimtstange und Rosinen aufkochen lassen. Speisestärke und 4 EL Wasser glatt rühren und unter Rühren in die Suppe gießen. Nochmals aufkochen lassen. Zitrone auspressen, Suppe mit Zucker und Zitronensaft abschmecken.

Die Äpfel gut abspülen, vierteln, entkernen und in Spalten schneiden. Apfelspalten in die kochende Suppe geben und bei kleiner Hitze etwa 5 Minuten ziehen lassen.

Pro Portion ca. 265 Kcal, 1 g Eiweiß, 1 g Fett, 52 g Kohlenhydrate

Fertig in 30 Minuten

TIPPS

Im Sommer schmeckt die Suppe gut gekühlt als erfrischende Kaltschale.

» *Toll, heute essen wir nur Nachtisch* «, *sagen meine Kinder, wenn ich die Apfelsuppe als süßes Hauptgericht koche. Dazu gibt's dann Milchreis oder Grießklößchen.*

Pflaumen-Muffins

Für 12 Stück / einfach

100 g weiche Butter oder Margarine,
150 g Zucker und 3–4 EL Zucker zum Bestreuen, 3 Eier, 225 g Mehl, 3 TL Backpulver,
1 Päckchen Orangenschalen-Aroma, 2–3 EL Orangenlikör oder Orangensaft,
24 Pflaumen (etwa 600 g), Fett für die Förmchen

Fett und Zucker mit den Quirlen des Handrührers schaumig schlagen. Eier und 1 EL Mehl unterrühren. Restliches Mehl, Backpulver, Orangenaroma und Likör unterrühren.

Die Pflaumen abspülen, gut trockentupfen, halbieren und entsteinen. Die Hälfte des Teigs auf 12 gut gefettete Muffin-Förmchen verteilen. Jeweils 2 Pflaumenhälften hochkant in den Teig stecken und mit dem restlichen Teig bedecken.

Im vorgeheizten Backofen bei 200 Grad, Umluft 180 Grad, Gas Stufe 4 etwa 15 Minuten backen; nach der Hälfte der Backzeit eventuell abdecken, damit die Muffins nicht zu dunkel werden. Etwa 5 Minuten vor Ende der Backzeit jeweils 1 TL Zucker auf die Pflaumen streuen.

Pro Stück ca. 245 Kcal, 4 g Eiweiß, 9 g Fett, 35 g Kohlenhydrate

Fertig in 45 Minuten

Dazu: Schlagsahne

TIPPS

Wer kein Muffin-Blech hat, kann den Teig in etwa 18 kleine Papierbackförmchen (5 cm ∅) geben. Die Backzeit ist dann etwas kürzer.

Wenn die Pflaumen sich schwer vom Stein lösen lassen, das Fruchtfleisch einfach mit dem Messer abschneiden. Oder Zwetschgen nehmen, da geht es einfacher.

VARIANTEN

Zum Abschmecken können Sie statt Orangenaroma 1/2 TL Zimt nehmen.

Die Muffins schmecken auch mit Heidelbeeren, Süßkirschen, Brombeeren, Himbeeren und anderen Früchten.

4 KAPITEL

Winter

Deftig, fein und zuckersüß

Wandern im Pulverschnee, mit den Kindern Rodeln gehen, Schlittschuh laufen bei strahlender Sonne – das wär's ... Dann schön durchgefroren nach Hause und den Bohneneintopf warm machen. Oder eine schöne Kartoffelsuppe kochen. Süße Leckermäuler lieben Kaiserschmarrn und Germknödel. Als feiner Nachtisch schmeckt zum Beispiel Nougatpudding.

Weizen-
mehl
Type
405
1000 g

Blumenkohl-Curry

Für 4 Portionen / einfach / schnell

400 g Hähnchenbrustfilet, 1 mittelgroßer Blumenkohl (1 kg),
1 Stück frischer Ingwer (20 g), 1 kleine rote Chilischote, 2 Knoblauchzehen,
1–2 EL Butterschmalz oder Öl, 1/4 TL gemahlener Koriander,
1 TL Garam Masala (indische Gewürzmischung),
1/4 TL Kumin (gemahlener Kreuzkümmel), 1 TL gemahlenes Kurkuma, Salz,
1/4 l Milch, 250 g Schlagsahne, 100 g geschälte Mandeln,
etwas heller Soßenbinder, 1 Bund Schnittlauch

Das Hähnchenfleisch abspülen, trockentupfen und in 3 cm lange Streifen schneiden. Den Blumenkohl putzen, abspülen und in kleine Röschen teilen. Den Ingwer schälen und fein würfeln. Chilischote abspülen, längs aufschneiden, entkernen und fein hacken (mit Küchenhandschuhen arbeiten). Knoblauch abziehen und ebenfalls hacken.

Das Butterschmalz in einem großen Topf erhitzen und Koriander, Garam Masala, Kumin, Kurkuma, Ingwer, Chili und Knoblauch dazugeben und unter Rühren 2 Minuten rösten.

Die Hähnchenstreifen zu den Gewürzen geben und unter Wenden kurz darin anbraten. Blumenkohlröschen dazugeben und ebenfalls unter Wenden anbraten. Mit Salz würzen. Milch und Sahne mischen, dazugießen und alles zugedeckt bei mittlerer Hitze etwa 8 Minuten kochen, bis der Blumenkohl gar ist.

Mandeln in einer Pfanne ohne Fett goldgelb anrösten und herausnehmen. Die Hälfte davon in das Curry streuen. Mit Salz und den übrigen Gewürzen abschmecken. Das Curry mit etwas Soßenbinder andicken. Den Schnittlauch abspülen, trockenschütteln, in feine Röllchen schneiden und über das Curry streuen. Nochmals abschmecken und mit den restlichen Mandeln bestreuen.

Pro Portion ca. 585 Kcal, 36 g Eiweiß, 42 g Fett, 16 g Kohlenhydrate

Fertig in 30 Minuten

Dazu: Basmati- oder Langkornreis

TIPPS

Statt mit Milch können Sie das Curry mit Sojamilch und Sojacreme (17 % Fett) zubereiten.

An Stelle der vielen verschiedenen Gewürze können Sie 2 EL Madras-Currypulver nehmen; frischer Ingwer sollte aber möglichst hinein.

Kleine Kohlrouladen

Für 4 Portionen / einfach / braucht etwas Zeit

1 Weißkohl (ca. 1,5 kg), Salz;
Hackfleischfüllung: 1 Brötchen vom Vortag, 1 Zwiebel,
1 TL Butter oder Margarine, 500 g gemischtes Hackfleisch, 1 Ei, 1 TL Senf;
Salz, frisch gemahlener Pfeffer, 1 TL Edelsüß-Paprikapulver;
1 EL Öl zum Braten, 1/2 l Brühe, etwas heller Soßenbinder, 1–2 EL Tomatenmark,
3 EL Schlagsahne, 1 Bund Schnittlauch zum Bestreuen

Den Kohlkopf putzen und mit einem spitzen Messer den Strunk keilförmig herausschneiden. Kohlkopf in einen großen Topf mit kochendem Salzwasser geben, der Kopf sollte dabei ganz und gar im Wasser liegen. Etwa 4 Minuten kochen lassen.

Kohlkopf aus dem Wasser nehmen und die äußeren weichen Blätter ablösen. Kohlkopf wieder hineinlegen und 2 Minuten kochen lassen. Wieder herausnehmen und weitere Blätter ablösen. Auf diese Weise insgesamt 8 große Blätter ablösen (wenn die Blätter klein oder sehr dünn sind, jeweils 2 Blätter für 1 Portion nehmen). Die dicken Blattrippen mit einem Messer flach schneiden.

Hackfleischfüllung: Das Brötchen in kaltem Wasser etwa 10 Minuten einweichen, dann gut ausdrücken. Zwiebel abziehen und fein würfeln. Im heißen Fett glasig dünsten und abkühlen lassen. Alle Zutaten für die Füllung mit den Knethaken des Handrührers zu einem glatten Fleischteig verkneten und kräftig mit Salz, Pfeffer und Paprika würzen.

Die Füllung in 8 Portionen teilen und auf die Kohlblätter legen. Kohlblätter aufrollen, die Seitenränder dabei zur Mitte hin einschlagen. Rouladen mit Küchengarn zusammenbinden. Öl in einem Schmortopf erhitzen und die Kohlrouladen darin rundherum braun anbraten. Brühe dazugießen und alles zugedeckt bei mittlerer Hitze etwa 20 bis 30 Minuten schmoren lassen.

Rouladen herausnehmen und warm stellen. Die Soße aufkochen und den Soßenbinder unter Rühren einstreuen. Tomatenmark und Sahne unterrühren und mit Salz, Pfeffer und Paprika abschmecken. Schnittlauch abspülen, trockenschütteln und in feine Röllchen schneiden. Kohlrouladen mit etwas Soße anrichten und den Schnittlauch darüber streuen.

Pro Portion ca. 440 Kcal, 29 g Eiweiß, 31 g Fett, 11 g Kohlenhydrate

Fertig in 1 Stunde 30 Minuten

Dazu: Salzkartoffeln

TIPPS

Etwas feiner werden die Rouladen, wenn Sie Wirsingkohl dafür nehmen.

Die Hackfleischfüllung eignet sich auch für Frikadellen.

» Reste-Essen, das schmeckt! «

Übrig gebliebenen Weißkohl gibt es bei mir immer am nächsten Tag. Fein geschnitten brate ich ihn in Öl kräftig an und würze mit asiatischem Fünf-Gewürz-Pulver und Salz. Wer mag, gießt etwas Sahne dazu.

VARIANTEN

Zur Abwechslung können Sie den Hackfleischteig mit gehackten getrockneten Pilzen, Kräutern, Kapern oder fein geschnittenen getrockneten Tomaten in Öl mischen.

TIPP

Für viele Gäste die Mengen verdoppeln; Datteln auf ein Backblech legen und im vorgeheizten Backofen bei 200 Grad, Umluft 180 Grad, Gas Stufe 4 etwa 10 Minuten backen. Vorsicht, nicht zu lange im Backofen lassen, sonst werden Datteln und Speck hart.

VARIANTE

Die kleinen Spieße schmecken auch mit entsteinten Backpflaumen oder getrockneten Aprikosen als Füllung.

Datteln mit Speck

Für 30 Stück / einfach / schnell

300 g Frühstücksspeck (Bacon), 30 getrocknete Datteln (etwa 200 g), Öl zum Braten

Die Speckscheiben halbieren und jeweils um 1 Dattel wickeln. Speckscheiben mit einem Holzstäbchen feststecken.

Etwas Öl in einer Pfanne erhitzen und die Datteln darin bei mittlerer Hitze goldbraun braten.

Pro Stück ca. 45 Kcal, 2 g Eiweiß, 2 g Fett, 4 g Kohlenhydrate

Fertig in 25 Minuten

Überbackener Chicorée

Für 2 Portionen / einfach

4 Chicorée, 4 Scheiben gekochter Schinken (etwa 160 g),
4 Scheiben Gouda-Käse oder Edamer (etwa 100 g), 4 große Kartoffeln,
Fett für die Form, 200 g Schlagsahne,
1 kleiner Stängel Rosmarin oder 1 TL getrockneter Rosmarin,
Salz, frisch gemahlener Pfeffer

Chicorée putzen und am unteren Ende die harten Strünke kegelförmig herausschneiden, so dass die Blätter noch zusammenhalten. Chicorée zunächst mit Schinken, dann mit je 1 Käsescheibe umwickeln.

Kartoffeln schälen und in etwa 2 x 2 cm große Würfel schneiden. Kartoffelwürfel in eine gefettete ofenfeste Form geben. Die Sahne darüber gießen und die abgezupften Rosmarinnadeln darüber streuen. Alles mit Salz und Pfeffer würzen und die umwickelten Chicorée darauf legen.

Im vorgeheizten Backofen bei 180 Grad, Umluft 160 Grad, Gas Stufe 3 etwa 45 Minuten backen; eventuell nach der Hälfte der Zeit Backpapier darüber legen, damit der Schinken nicht zu dunkel wird.

Pro Portion ca. 625 Kcal, 35 g Eiweiß, 48 g Fett, 13 g Kohlenhydrate

Fertig in 1 Stunde

INFO

Der dicke Mittelstrunk vom Chicorée schmeckt herb und bitter; darum den Strunk unbedingt herausschneiden. Statt Chicorée können Sie auch Porreestangen nehmen.

›› *Mal wieder keine Zeit heute?* ‹‹

Wenn's schnell gehen soll, brate ich die rohen Kartoffeln etwa 15 Minuten in der Pfanne in Öl und würze sie. Chicorée in grobe Stücke schneiden und kurz unter die Kartoffeln geben. Schinken- und Käsestreifen darüber streuen und alles zugedeckt 1 Minute garen – fertig.

Rote Bete mit Fleischklößchen

Für 3 Portionen / einfach

Fleischklößchen: 1/2 Brötchen vom Vortag oder 2 EL Semmelbrösel, 1 Bund Schnittlauch, 400 g Mett (gewürztes grobes Schweinehackfleisch), 1 Ei, Salz, frisch gemahlener Pfeffer;

Rote Bete: 400 g rote Bete, 400 g fest kochende Kartoffeln, 4–5 Zwiebeln (200 g), 1 Knoblauchzehe, 50 g geräucherter durchwachsener Speck, 2–3 EL Öl, 1 EL Essig, 150 g Crème fraîche, Salz, frisch gemahlener Pfeffer

Fleischklößchen: Das Brötchen in kaltem Wasser einweichen. Den Schnittlauch abspülen, trockenschütteln und in feine Röllchen schneiden. Mett, Ei, ausgedrücktes Brötchen und Schnittlauch mit den Knethaken des Handrührers zu einem glatten Fleischteig verkneten. Mit Salz und Pfeffer würzen und etwa 12 Fleischklößchen daraus formen.

1 l Wasser mit Salz aufkochen. Die Klößchen hineingeben und bei kleiner Hitze etwa 10 Minuten darin gar ziehen lassen. Wenn sie an der Oberfläche schwimmen, sind sie richtig. Klößchen herausnehmen und warm stellen. Die Brühe aufheben.

Rote Bete: Die rote Bete schälen, halbieren und auf einem scharfen Gurkenhobel oder in der Küchenmaschine in dünne Scheiben schneiden. Die Kartoffeln schälen, abspülen und in etwa 1 cm große Würfel schneiden. Zwiebeln abziehen und fein würfeln. Die Knoblauchzehe abziehen und zerdrücken. Speck würfeln.

Rote Bete in einer großen Pfanne in 1 EL Öl anbraten. Essig darüber träufeln und zugedeckt bei kleiner Hitze etwa 5 bis 7 Minuten garen. Crème fraîche unterrühren. In einem großen flachen Topf den Speck im restlichen Öl langsam bei kleiner Hitze ausbraten. Speck herausnehmen und beiseite stellen. Die Kartoffelwürfel in das Speckfett geben und etwa 10 Minuten braten, bis sie gar sind.

Zwiebeln und Knoblauch dazugeben und zugedeckt weitere 2 Minuten braten. Rote Bete zugeben und alles mischen. Wenn das Gemüse sehr trocken ist, noch etwas Brühe von den Klößchen unterrühren. Mit Salz und Pfeffer abschmecken. Fleischklößchen darauf setzen und servieren.

Pro Portion ca. 835 Kcal, 35 g Eiweiß, 62 g Fett, 32 g Kohlenhydrate

Fertig in 1 Stunde 15 Minuten

Dazu: Tomatensalat mit Kräutern

TIPP

Den Teig für die Fleischbällchen am besten mit nassen Händen zu Klößchen rollen – der Fleischteig klebt dann nicht so und die Bällchen werden schön glatt.

Lasagne

Für 4 Portionen / braucht etwas Zeit

Bolognesesoße: 2 Möhren, 2 Stangen Staudensellerie, 1 Zwiebel, 2 Knoblauchzehen,
80 g geräucherter durchwachsener Speck, 2 EL Öl,
500 g Schweine- oder gemischtes Hackfleisch, 1/8 l trockener Weißwein oder Brühe,
400 g Tomatenstückchen (aus der Dose), Salz, frisch gemahlener Pfeffer,
3 Stängel frischer Thymian oder 1/2–1 TL getrockneter Thymian, Zucker;
Béchamelsoße: 80 g Butter oder Margarine, 60 g Mehl, 3/4 l Milch,
100 g frisch geriebener Parmesan- oder alter Gouda-Käse,
frisch geriebene Muskatnuss;
etwa 10 helle Lasagneblätter (ohne Vorkochen), Fett für die Form

» Manchmal mache ich es mir einfach. «

Wenn's etwas schneller gehen oder ich für viele Gäste die doppelte Menge kochen will, raspele ich Möhren, Staudensellerie und Zwiebel grob auf einer Rohkostreibe oder in der Küchenmaschine.

» Schön, wenn das Essen schon fertig ist. «

Lasagne lässt sich prima vorbereiten. Ich mache schon am Vortag alles fertig und stelle die Lasagne abgekühlt und gut verpackt über Nacht in den Kühlschrank. Am nächsten Tag kommen noch Käse und Fettflöckchen darauf und ab in den Backofen. Da jetzt aber alles kalt ist, verlängert sich die Backzeit um 10 bis 15 Minuten.

Bolognesesoße: Die Gemüse putzen, abspülen und fein würfeln. Geschälten Knoblauch und Speck ebenfalls würfeln. Den Speck im heißen Öl bei kleiner Hitze anbraten. Hackfleisch zugeben und alles krümelig braten. Gemüse zugeben und kurz mitbraten. Weißwein und Tomatenstückchen unterrühren, mit Salz, Pfeffer und Thymianblättchen würzen. Alles etwa 15 Minuten kochen lassen. Die Bolognesesoße mit Salz, Pfeffer und Zucker abschmecken.

Béchamelsoße: 60 g Fett in einem Topf zerlassen, das Mehl auf einmal zugeben und so lange rühren, bis eine glatte Masse entstanden ist, die Blasen wirft. Die Milch nach und nach unter Rühren dazugießen und bei kleiner Hitze etwa 5 Minuten kochen. Die Hälfte des Käses unterrühren und die Soße mit Salz, Pfeffer und Muskat abschmecken.

Den Boden einer rechteckigen Lasagneform (etwa 26 x 18 cm) fetten und mit Lasagneblättern auslegen. Zuerst 1 Lage Bolognese-, danach 1 Lage Béchamelsoße darauf verstreichen. Danach wieder Lasagneblätter darauf legen und so weiterschichten, bis alle Zutaten verbraucht sind. Mit einer Schicht Béchamelsoße abschließen, dabei sollten die Lasagneblätter gut mit Soße bedeckt sein, damit sie nicht trocken werden. Mit dem restlichen Käse bestreuen und das restliche Fett in Flöckchen darauf setzen.

Im vorgeheizten Backofen bei 200 Grad, Umluft 180 Grad, Gas Stufe 4 etwa 20 bis 30 Minuten backen.

Pro Portion ca. 900 Kcal, 46 g Eiweiß, 64 g Fett, 33 g Kohlenhydrate

Fertig in 1 Stunde 35 Minuten

Orientalisches Ragout mit Couscous

Für 6 Portionen / braucht etwas Zeit

Ragout: 1 kg Putenoberkeule (ohne Knochen), 5 Gewürznelken, 5 Kardamomkapseln, 10 Pimentkörner, 1/4 TL frisch geriebene Muskatnuss, 1 Messerspitze gemahlener Zimt, 3 EL Olivenöl, 1 Zwiebel, 2 Knoblauchzehen, Salz, frisch gemahlener Pfeffer, 75 g Walnusskerne oder Mandeln, 150 g getrocknete Datteln, 3 EL Honig, nach Belieben 1 Granatapfel;
Couscous: 500 g Instant-Couscous (Getreidegrütze), 40 g weiche Butter, 1–2 Stängel glatte Petersilie

VARIANTE

Statt Putenfleisch können Sie Schweinenacken oder Lammschulter nehmen.

Ragout: Das Fleisch abspülen, trockentupfen und würfeln. Die Gewürze in einem Mörser fein zerstoßen und in einem kleinen Bräter im heißen Öl etwa 2 Minuten andünsten. Die Fleischwürfel dazugeben und kräftig braun anbraten.

Zwiebel und Knoblauch abziehen und würfeln. Beides zum Fleisch geben und kurz mitbraten. Mit Salz und Pfeffer würzen und 3/4 l Wasser dazugießen. Abgedeckt im vorgeheizten Backofen bei 180 Grad, Umluft 160 Grad, Gas Stufe 3 etwa 90 Minuten schmoren lassen.

Walnüsse grob hacken und in einer Pfanne ohne Fett leicht rösten. Datteln entsteinen. Walnüsse, Datteln und Honig zum Fleisch geben. Gegebenenfalls den Granatapfel aufbrechen und die Kerne mit einem Teelöffel zwischen den Trennhäuten herauslösen.

Couscous: Couscous nach Packungsanweisung mit Wasser garen, mit 2 Gabeln auflockern und dabei die Butter unterrühren. Couscous bergartig auf einer großen Platte anrichten und etwas Ragout drumherum anrichten. Mit abgezupften Petersilienblättchen und eventuell Granatapfelkernen bestreuen.

Pro Portion ca. 830 Kcal, 42 g Eiweiß, 36 g Fett, 83 g Kohlenhydrate

Fertig in 2 Stunden

Dazu: Gurkensalat mit Kreuzkümmel oder gedünstete Möhren mit etwas Honig

VARIANTEN

Vegetarisch werden die Puffer mit einem Dip aus zerdrücktem Avocadofruchtfleisch, gewürzt mit Zitronensaft, Salz und Pfeffer.

Oder Sie kochen dazu eine Soße aus Tomatenstückchen (aus der Dose): Mit Zwiebelwürfeln dünsten und mit Basilikum, Salz und Pfeffer würzen.

Maispuffer mit Speck

Für 6 Portionen / einfach / schnell

3 Dosen Mais (à 285 g Abtropfgewicht), 2 Eier, 100 ml Milch, 100 g Schmand, 120 g Mehl, Zucker, 1/4 TL Salz, 4–5 EL Öl zum Braten, 300 g Frühstücksspeck (Bacon)

Mais in ein Sieb geben, mit kaltem Wasser abspülen und abtropfen lassen. Eier, Milch, Schmand, Mehl, Zucker und Salz mit einem Schneebesen verquirlen. Den abgetropften Mais zugeben und gut mit dem Teig mischen.

In einer Pfanne etwas Öl erhitzen. Je etwa 1 EL Maisteig darin zu einem kleinen Puffer verstreichen. Nur so viele Puffer in die Pfanne geben, dass sie sich nicht berühren. Puffer von beiden Seiten goldbraun braten. Herausnehmen, auf Küchenkrepp kurz abtropfen lassen und im Backofen warm stellen. Restlichen Teig wie beschrieben zu Puffern backen.

Speckstreifen einzeln in die Pfanne legen und bei mittlerer Hitze kross ausbraten. Zusammen mit den Maispuffern anrichten.

Pro Portion ca. 520 Kcal, 18 g Eiweiß, 32 g Fett, 34 g Kohlenhydrate

Fertig in 30 Minuten

Dazu: Tomatensalat oder Ratatouille

Geschmorter Rotkohl mit Datteln

Für 2 Portionen / einfach

1/2 kleiner Rotkohl (400 g), Salz, 3 EL Rotweinessig,
1/2 Bund Lauchzwiebeln (100 g), 3 getrocknete Datteln,
100 g Frühstücksspeck (Bacon), 1 EL Olivenöl, frisch gemahlener Pfeffer,
4–5 EL Schlagsahne, 60 g Edelpilzkäse (z. B. »Bavaria blue«)

Den Kohl in Viertel schneiden und auf einem Gemüsehobel oder in der Küchenmaschine fein hobeln. Mit Salz würzen, den Essig darüber träufeln und zugedeckt etwa 30 Minuten stehen lassen.

Lauchzwiebeln putzen, abspülen und in feine Ringe schneiden. Datteln und Speck in feine Streifen schneiden. Kohl auf einem Sieb abtropfen lassen, dabei den Essigsud auffangen. Die Speckstreifen in einer Pfanne bei mittlerer Hitze langsam ausbraten. Speck aus der Pfanne nehmen und beiseite stellen.

Öl in die Pfanne geben und den Kohl unter Rühren etwa 5 Minuten schmoren lassen. Datteln und die Hälfte der Lauchzwiebeln zugeben und zugedeckt noch 3 Minuten weiterschmoren. Mit Salz, Pfeffer und dem Essigsud abschmecken.

Die Sahne in die Pfanne geben und den Käse als kleine Flöckchen auf dem Kohl verteilen. Die Pfanne schließen und den Käse etwa 3 Minuten schmelzen lassen. Speck und die restlichen Lauchzwiebeln darüber streuen und in der Pfanne servieren.

Pro Portion ca. 550 Kcal, 19 g Eiweiß, 43 g Fett, 21 g Kohlenhydrate

Ohne Wartezeit fertig in 40 Minuten

Dazu: Gnocchi aus dem Kühlregal

INFO

Rotkohl ist reich an Kalium, Phosphor und den Vitaminen der B-Gruppe. Vitamin C enthält er zum Teil nur als Vorstufe; durchs Erhitzen wird es aber zum eigentlichen Vitamin C, was ungewöhnlich ist, denn normalerweise wird dieses Vitamin durch das Erhitzen zerstört.

TIPPS

Der Rotkohl hat nach der kurzen Garzeit noch Biss. Er wird mürber, wenn Sie ihn zugedeckt 5 bis 10 Minuten länger schmoren.

» Man muss ja nicht gleich sehen, dass ich gerade gekocht habe. «

Rotkohl färbt stark. Deshalb feuchte ich meine Hände und das Schneidbrett vorher gut ein, dann zieht der dunkle Saft nicht in die Poren. Bei Bedarf reibe ich die Hände nach dem Schneiden zusätzlich mit etwas Zitronensaft ab.

Paniertes Fischfilet mit Kartoffel-Sellerie-Püree

Für 4 Portionen / einfach / schnell

Kartoffel-Sellerie-Püree: 600 g Knollensellerie,
600 g mehlig kochende Kartoffeln, 1/4 l Brühe, 1–2 EL Butter,
Salz, frisch gemahlener Pfeffer, frisch geriebene Muskatnuss;
Fischfilet: 800 g Seelachsfilet (oder anderes Fischfilet), 1/2 Zitrone, 4 EL Mehl,
2 Eier, etwa 100 g Semmelbrösel, 30 g Mandelblättchen,
Cayennepfeffer, Salz, frisch gemahlener Pfeffer;
2 EL Butter oder Margarine zum Braten, 1 Zitrone zum Anrichten

Kartoffel-Sellerie-Püree: Sellerie und Kartoffeln schälen, abspülen und in etwa 1 x 1 cm große Würfel schneiden. Brühe in einem Topf aufkochen und die Würfel hineingeben. Zugedeckt etwa 10 Minuten kochen lassen.

Fischfilet: Das Fischfilet abspülen, mit Küchenkrepp trockentupfen und in 4 Portionen teilen. Zitrone auspressen und den Saft darüber träufeln. Mehl, verquirlte Eier und Semmelbrösel in je 1 flachen Teller geben. Semmelbrösel, Mandelblättchen und 1 Prise Cayennepfeffer mischen.

Fischfiletstücke trockentupfen und mit Salz und Pfeffer würzen. Die Stücke zuerst in Mehl wenden (überschüssiges Mehl abklopfen), dann durch die verquirlten Eier ziehen und abtropfen lassen. Zum Schluss in der Semmelbröselmischung wenden und die Panade gut andrücken.

Fett in einer beschichteten Pfanne erhitzen und die Fischportionen bei mittlerer Hitze von jeder Seite etwa 2 bis 3 Minuten goldbraun braten.

Kartoffel- und Selleriestücke in der Brühe zunächst mit einem Kartoffelstampfer fein zerdrücken, dann mit den Quirlen des Handrührers schaumig aufschlagen. Butter unterschlagen und das Püree mit Salz, Pfeffer und etwas Muskat abschmecken.

Zitrone heiß abspülen, trockenreiben und in Scheiben schneiden. Fischfilets darauf anrichten und zusammen mit dem Kartoffel-Sellerie-Püree servieren.

Pro Portion ca. 580 Kcal, 50 g Eiweiß, 19 g Fett, 51 g Kohlenhydrate

Fertig in 30 Minuten

Dazu: Feldsalat oder gedünsteter Brokkoli

TIPPS

Das Kartoffel-Sellerie-Püree mit den Quirlen, nicht mit dem Schneidstab zerkleinern, damit die Stärke aus den Kartoffeln nicht kleisterig wird.

»Die Panade mag ich gern schön kross.«

Deshalb ersetze ich manchmal etwa die Hälfte des Paniermehls durch zerbröselte Kartoffelchips oder ungesüßte Cornflakes – dann wird's noch knuspriger.

VARIANTE

Statt Sellerie schmecken auch Pastinaken im Püree.

Russischer Heringssalat

Für 5 Portionen / einfach / braucht etwas Zeit

Salat: 500 g Kartoffeln, 250 g große Möhren, 250 g rote Bete, Salz, 5 Eier, 250 g Matjesfilet, 1 kleine Zwiebel, Salz, frisch gemahlener Pfeffer;
Soße: 500 g Vollmilchjoghurt, 5 EL Mayonnaise, etwas Zitronensaft, Salz, frisch gemahlener Pfeffer

TIPPS

Sie können das Gemüse und die Eier zusammen in einem großen Topf kochen. Was gar ist, wird vorsichtig herausgenommen, der Rest kocht weiter.

Etwas schneller geht es mit fertig gekochter rote Bete aus dem Vakuumpack (Supermarkt, Gemüseregal).

Salat: Kartoffeln, Möhren und rote Bete abspülen. Rote Bete etwa 40 Minuten, Kartoffeln und Möhren etwa 20 Minuten in Salzwasser kochen lassen. Eier in 10 Minuten hart kochen. Alles abkühlen lassen.

Die Schale von den Kartoffeln, Möhren und der roten Bete abziehen und alles getrennt auf einer Rohkostreibe oder in der Küchenmaschine grob raspeln. Die Eier schälen und Eiweiße und Eigelbe getrennt fein raspeln.

Die Matjesfilets kalt abspülen, mit Küchenkrepp trockentupfen und in kleine Würfel schneiden. Die Zwiebel abziehen und sehr fein würfeln.

Soße: Joghurt und Mayonnaise verrühren und mit Zitronensaft, Salz und Pfeffer kräftig würzen.

Die Matjeswürfel auf einer großen Platte zu einem Fladen legen, mit Salz und Pfeffer würzen und etwas Soße darüber geben. Zwiebelwürfel, geraspelte Kartoffeln, Möhren, rote Bete, Eiweiße und Eigelbe in dieser Reihenfolge ebenso darauf schichten und mit Salz und Pfeffer kräftig würzen, dazwischen immer etwas Soße geben. Im Kühlschrank mindestens 1 Stunde durchziehen lassen. Gut gekühlt servieren.

Pro Portion ca. 400 Kcal, 15 g Eiweiß, 28 g Fett, 22 g Kohlenhydrate

Ohne Wartezeit fertig in 1 Stunde 35 Minuten

Dazu: kräftiges Schwarzbrot mit Butter

Kartoffelsuppe mit Würstchen

Für 4 Portionen / einfach

1,4 kg mehlig kochende Kartoffeln, 1 Bund Suppengrün, 1 Zwiebel,
100 g geräucherter durchwachsener Speck, 1 EL Öl,
1 1/4 l Brühe, Salz, frisch gemahlener Pfeffer, 4 Wiener Würstchen,
1/2 Bund Majoran oder 1/2–1 TL getrockneter Majoran

Die Kartoffeln schälen, abspülen und in Stücke schneiden. Suppengrün putzen und abspülen. Zwiebel abziehen. Suppengrün, Zwiebel und Speck würfeln.

Die Speckwürfel in einem großen Topf im heißen Öl ausbraten. Speckwürfel mit einer Schaumkelle herausnehmen und beiseite stellen. Das vorbereitete Gemüse in das heiße Speckfett geben und darin andünsten. Die Brühe dazugießen und alles zugedeckt bei kleiner Hitze etwa 20 Minuten kochen lassen, bis die Kartoffeln gar sind. Mit Salz und Pfeffer würzen.

Die Kartoffel-Gemüse-Mischung mit einem Kartoffelstampfer in der Brühe etwas zerdrücken. Speckwürfel und Würstchen in die Suppe geben und etwa 5 Minuten darin erhitzen. Majoran abspülen, trockenschütteln und die Blättchen abzupfen. Blättchen über die Suppe streuen.

Pro Portion ca. 505 Kcal, 19 g Eiweiß, 26 g Fett, 47 g Kohlenhydrate

Fertig in 45 Minuten

TIPPS

Einfacher zu essen ist die Suppe, wenn Sie die Würstchen vor dem Kochen in Scheiben schneiden.

Noch aromatischer wird's, wenn Sie den getrockneten Majoran zusammen mit der Brühe zur Suppe geben.

»Es müssen nicht immer Würstchen sein.«

Als Fleischeinlage kommt bei mir hinein, was gerade da ist: Cabanossi, Fleischwurst, Kasseler oder auch Bratenreste. Geräuchertes und Gepökeltes schmeckt in dieser Suppe besonders gut.

Feuriger Bohneneintopf

Für 10 Portionen / einfach / braucht etwas Zeit

1 kg Kasseler (mit Knochen),
2 Bund Suppengrün, 3 Dosen weiße Bohnen (à 250 g Abtropfgewicht),
2 Dosen rote Kidneybohnen (à 250 g Abtropfgewicht),
2 Dosen geschälte Tomaten (à 800 g Füllmenge), Salz, frisch gemahlener Pfeffer,
körnige Brühe (Instant), etwas Cayennepfeffer,
1 Töpfchen Bohnenkraut oder 1–2 TL getrocknetes Bohnenkraut,
100 g Parmesan-Käse

Das Kasseler abspülen. 2 l Wasser aufkochen und das Kasseler hineingeben. Zugedeckt bei mittlerer Hitze etwa 90 Minuten kochen lassen. Das Suppengrün putzen, abspülen und in Stücke schneiden. Das Kasseler aus der Brühe nehmen und abkühlen lassen.

Das Suppengrün in die Brühe geben und zugedeckt etwa 10 Minuten kochen lassen. Kasseler vom Knochen lösen und in etwa 1 cm große Stücke schneiden. Weiße und rote Bohnen in ein Sieb geben, gut abspülen und abtropfen lassen.

Kasseler, Bohnen und zerkleinerte Tomaten mit der Flüssigkeit in die Brühe zum Suppengrün geben und aufkochen lassen. Mit Salz, Pfeffer, körniger Brühe und Cayennepfeffer würzen. Bohnenkraut abspülen, trockenschütteln und hacken. Parmesan mit einem Sparschäler in dünne Scheiben hobeln und zusammen mit dem Bohnenkraut über den Eintopf streuen.

Pro Portion ca. 310 Kcal, 30 g Eiweiß, 12 g Fett, 19 g Kohlenhydrate

Ohne Wartezeit fertig in 2 Stunden

Dazu: Baguette

TIPPS

Noch aromatischer schmeckt der Eintopf, wenn Sie das getrocknete Bohnenkraut schon mit dem Suppengrün in die Brühe geben.

Cayennepfeffer wird erst nach 1 bis 2 Minuten richtig scharf. Warten Sie also etwas mit dem Abschmecken, sonst wird's zu feurig!

Das Rezept ist für 10 Portionen kalkuliert. Wer weniger braucht, kann den Rest einfrieren.

Kaiserschmarrn mit Rosinen

Für 6 Portionen / einfach / schnell

4 Eier, 1 Päckchen Vanillezucker, 75 g Zucker, Salz, etwa 400–450 ml Milch,
100 g Mehl, 75 g Rumrosinen oder einfache Rosinen,
etwa 50 g Butterschmalz zum Braten, Puderzucker zum Bestäuben;
etwa 300 g Obstkompott (aus Mirabellen, Kirschen oder Erdbeeren)
oder Pflaumenmus

Eier trennen. Eigelbe, Vanillezucker, Zucker und 2 Prisen Salz mit den Quirlen des Handrührers etwa 5 Minuten hell und cremig schlagen. Die Milch unterrühren. Das Mehl darüber sieben und zusammen mit den Rosinen unterheben. Die Eiweiße steif schlagen und mit einem Schneebesen ebenfalls unter den Teig heben.

Etwa 1 EL Butterschmalz in einer Pfanne erhitzen. So viel Teig in die Pfanne gießen, dass der Teig etwa 1/2 cm hoch darin steht. Bei mittlerer Hitze etwa 4 Minuten backen, bis der Teig aufgegangen und die Unterseite etwas gebräunt ist.

Den Schmarrn aus der Pfanne nehmen, wieder 1 EL Butterschmalz in die Pfanne geben und den Schmarrn von der anderen Seite ebenfalls etwa 4 Minuten backen.

Schmarrn mit 2 Gabeln in etwa handtellergroße Stücke reißen und auf vorgewärmte Teller geben. Mit Puderzucker bestäuben und zusammen mit Kompott oder Pflaumenmus servieren. Restlichen Teig wie beschrieben fertig backen.

Pro Portion ca. 395 Kcal, 10 g Eiweiß, 16 g Fett, 46 g Kohlenhydrate

Fertig in 30 Minuten

Germknödel mit Powidl und brauner Butter

Für 4 Portionen / braucht etwas Übung / braucht etwas Zeit

250 g Mehl und Mehl zum Bearbeiten, 1/2 Würfel frische Hefe (21 g), 1 EL Zucker, etwa 1/8 l Milch, 1/2 unbehandelte Zitrone, 1 Ei, Salz, 4 EL Pflaumenmus (Powidl), 100 g Butter, 40 g gemahlener Mohn, evtl. 2 EL Puderzucker

Das Mehl in eine Schüssel sieben und in die Mitte eine Mulde drücken. Hefe in die Mulde bröckeln und mit Zucker, lauwarmer Milch und wenig Mehl vom Rand zu einem dickflüssigen Vorteig verrühren. Zugedeckt an einem warmen Ort 20 Minuten gehen lassen.

Zitrone heiß abspülen, trockentupfen und die Schale fein abreiben. Zitronenschale, Ei und 1 Prise Salz zum Vorteig geben und alles mit den Knethaken des Handrührers zu einem glatten Teig verkneten. Zugedeckt nochmals 45 Minuten an einem warmen Ort gehen lassen.

Teig mit den Händen durchkneten und in 4 Portionen teilen. Jede Portion auf wenig Mehl rund ausrollen (15 cm ∅) und 1 EL Pflaumenmus in die Mitte geben. Die Teigränder mit Wasser bestreichen und den Teig zu Knödeln formen, dabei die Nahtstellen mit den Händen zusammendrücken (sonst würden sich die Knödel beim Garen öffnen).

Knödel im weiten Abstand auf einen mit Mehl bestreuten Teller legen und zugedeckt nochmals 1 Stunde an einem warmen Ort gehen lassen. In 2 großen Töpfen reichlich Salzwasser aufkochen. 2 Knödel in jeden Topf geben und bei kleiner Hitze 12 bis 15 Minuten gerade eben kochen lassen, nach etwa 6 Minuten wenden. Zur Garprobe eine Nadel hineinstechen: Bleibt kein Teig mehr daran kleben, ist der Knödel gar.

Die Butter leicht erhitzen. Knödel mit einer Schaumkelle aus dem Wasser nehmen, abtropfen lassen und auf Tellern anrichten. Den Mohn darüber streuen und die Butter darüber gießen. Nach Geschmack etwas Puderzucker darüber streuen.

Pro Stück ca. 580 Kcal, 12 g Eiweiß, 27 g Fett, 69 g Kohlenhydrate

Ohne Wartezeiten fertig in 1 Stunde 15 Minuten

INFO

Germknödel sind eine österreichische Spezialität. Germ heißt Hefe; Powidl ist das böhmisch-österreichische Wort für Pflaumenmus.

Nougatpudding

Für 10 Portionen / einfach

1,2 l Milch, 3 Päckchen Schokoladenpuddingpulver, 50 g Zucker,
200 g Nougat oder Nougatschokolade, 50 g gehackte Haselnüsse, Kakaopulver,
Mandelblättchen und Früchte zum Verzieren

Etwa 200 ml Milch und das Puddingpulver mit einem Schneebesen glatt rühren. Restliche Milch und Zucker aufkochen lassen. Das Puddingpulver in die Milch gießen und unter Rühren gut aufkochen lassen. Topf von der Herdplatte nehmen.

Nougat in kleine Würfel schneiden, in den heißen Pudding streuen und darin unter Rühren schmelzen lassen. Die Haselnüsse unterrühren. Den Pudding abkühlen lassen und dabei immer wieder umrühren, damit keine Haut entsteht.

Pudding in Portionsschälchen füllen und mit Kakao, Mandelblättchen und Früchten verzieren.

Pro Portion ca. 275 Kcal, 6 g Eiweiß, 13 g Fett, 32 g Kohlenhydrate

Ohne Wartezeit fertig in 20 Minuten

Dazu: Schlagsahne oder Vanillesoße

VARIANTE

Statt Nougat können Sie Zartbitterschokolade und einige Esslöffel Rum unter den Pudding rühren.

Orangenkuchen vom Blech

Für 20 Stücke / einfach

Teig: 1 unbehandelte Orange, 350 g weiche Butter oder Margarine und Fett für das Backblech, 350 g Zucker, Salz, 6 Eier, 350 g Mehl und Mehl für das Backblech, 2 leicht gehäufte TL Backpulver;
Guss: 1 unbehandelte Orange, 300 g Puderzucker, 3 EL Orangenlikör oder Orangensaft, 50 g dunkle Kuchenglasur

Teig: Die Orange heiß abspülen, trockentupfen und die Schale fein abreiben. Orangenschale, Fett, Zucker und 1 Prise Salz so lange mit den Quirlen des Handrührers schlagen, bis sich der Zucker aufgelöst hat.

Die Eier nach und nach unterschlagen. Mehl und Backpulver mischen, darüber sieben und unterrühren. Den Teig auf ein gefettetes und mit Mehl bestreutes Backblech streichen und im vorgeheizten Backofen bei 200 Grad, Umluft 180 Grad, Gas Stufe 4 etwa 20 bis 30 Minuten backen.

Guss: Die Orange mit heißem Wasser abspülen, trockentupfen und die Schale in feinen Streifen abschälen. Den Saft der Orange auspressen. Puderzucker, Orangenlikör und 3 EL Orangensaft glatt rühren. Guss auf den noch leicht warmen Kuchen streichen und die feinen Orangenschalenstreifen darauf streuen.

Die Kuchenglasur im heißen Wasserbad schmelzen lassen. Glasur als feine Streifen über dem Kuchen verteilen und fest werden lassen. Kuchen in Stücke schneiden.

Pro Stück ca. 370 Kcal, 4 g Eiweiß, 18 g Fett, 47 g Kohlenhydrate

Fertig in 1 Stunde 30 Minuten

TIPPS

Für den Teig können Sie statt der Orangenschale 1 Päckchen Orangenschalen-Aroma nehmen.

Den Zuckerguss erst auftragen, wenn der Kuchen schon etwas abgekühlt ist. Sonst wird der Guss durch die Hitze sofort trocken und lässt sich nicht mehr verstreichen.

» Ich brauche Ordnung am Arbeitsplatz. «

Wenn das Backblech immer wieder wegrutscht, das mag ich gar nicht. Deshalb lege ich ein feuchtes Küchentuch darunter, bevor ich den Teig verstreiche. So steht das Blech schön fest.

Portugiesische Kokostörtchen

Für 8 Stück / einfach

2 Platten TK-Blätterteig (à 75 g), Mehl zum Ausrollen;

Füllung: 250 g Kokoscreme (aus der Dose), 250 g Schlagsahne, 2 Eigelb,

1 Päckchen Sahnepuddingpulver, 65 g brauner Zucker;

2–3 TL Kokosflocken, Puderzucker zum Bestäuben

TIPP

Die Törtchen erst aus der Form nehmen, wenn sie ganz abgekühlt sind. Sie sind sonst zu weich und der Blätterteig zerbricht schnell.

Die Blätterteigplatten auftauen lassen und jede Platte auf wenig Mehl zu einem Quadrat von etwa 20 x 20 cm ausrollen. Jede Platte in 4 Quadrate von etwa 10 cm Seitenlänge schneiden. Mit jedem Teigquadrat 1 Muffin-Form auskleiden. Überstehende Teigränder abschneiden.

Füllung: Kokoscreme und Sahne mischen. 8 EL davon mit Eigelben und Puddingpulver glatt rühren. Restliche Kokos-Sahne-Mischung und 50 g Zucker aufkochen. Das Puddingpulver unter Rühren hineingießen und nochmals aufkochen lassen.

Pudding etwas abkühlen lassen und auf den Blätterteig in die Muffin-Förmchen füllen. Mit Kokosflocken und restlichem Zucker bestreuen. Im vorgeheizten Backofen bei 200 Grad, Umluft 180 Grad, Gas Stufe 4 etwa 30 Minuten backen. Ganz abkühlen lassen und aus den Förmchen nehmen. Mit Puderzucker bestäuben.

Pro Stück ca. 255 Kcal, 3 g Eiweiß, 18 g Fett, 20 g Kohlenhydrate

Ohne Wartezeit fertig in 50 Minuten

Überbackene Äpfel mit Zimtstreuseln

Für 8–10 Portionen / einfach

Zimtstreusel: 250 g Mehl, 125 g brauner Zucker, 1 Ei, 125 g Butter oder Margarine, 1 1/2 TL Backpulver, 1/2 TL gemahlener Zimt;
Füllung: 75 g Mandelstifte, 750 g Äpfel (z. B. Cox Orange), 50 g Butter oder Margarine, 1 Päckchen Vanillezucker, 1–2 EL Rosenwasser (Apotheke) oder Rum, Fett für die Form

Zimtstreusel: Alle Zutaten zunächst mit den Knethaken des Handrührers, dann mit den Händen zu Streuseln zerkrümeln.

Füllung: Mandelstifte in einer Pfanne ohne Fett goldbraun rösten. Herausnehmen und abkühlen lassen. Äpfel schälen, vierteln, entkernen und in nicht zu dicke Spalten schneiden.

Das Fett zerlassen und mit dem Vanillezucker und dem Rosenwasser verrühren. Mit den Apfelspalten und den Mandeln mischen und in eine gefettete ofenfeste Form geben.

Streusel gleichmäßig darauf verteilen. Im vorgeheizten Backofen bei 200 Grad, Umluft 180 Grad, Gas Stufe 4 etwa 25 Minuten backen. Noch lauwarm servieren.

Pro Portion ca. 350 Kcal, 5 g Eiweiß, 20 g Fett, 39 g Kohlenhydrate

Fertig in 1 Stunde

Dazu: Vanillesoße oder -eiscreme

TIPPS

Äpfel mit Zimtstreuseln schmecken am besten warm.

» Es riecht so lecker aus deiner Küche «,

sagen meine Gäste oft beim Essen. Das kommt daher, dass das Dessert im Ofen backt, während wir den Hauptgang verspeisen. Die überbackenen Äpfel bereite ich meist schon am Vortag fix und fertig zu, stelle die Form dann in den Kühlschrank und schiebe sie kurz vor dem Essen in den Backofen (der eventuell sogar noch vom Hauptgericht warm ist).

übers Jahr

Wenn Gäste kommen,

macht das Kochen erst richtig Spaß, finde ich! Und es gibt auch mal etwas Besonderes: Wer nimmt sich im Alltag schon Zeit für ein richtiges Menü? Oder baut für die Kleinfamilie ein Party-Büfett auf? Wie gut, dass es Geburtstage, Hochzeiten und Wohnungseinweihungen gibt, die man mit netten Leuten feiern kann. Damit Sie nach dem Kochen noch genug Energie dafür haben, gibt es in diesem Kapitel weitere Tipps zum Vorbereiten und Zeitsparen.

Menü für 6 Personen

Vorspeise:
Marinierte Möhren mit Minze
(Seite 19)

Suppe:
Kressecremesuppe
(Seite 15)

Hauptgang:
Gebackene Makrele mit Pesto
(Seite 22)

Dessert:
Zitronensofteis mit Erdbeeren
(Seite 31)

Vorspeise

Die Möhren am Vortag zubereiten und durchziehen lassen. Mindestens 1 Stunde vor dem Servieren aus dem Kühlschrank nehmen, damit sich das Aroma entfalten kann. Olivenöl kann im Kühlschrank etwas »krisselig« werden, bei Zimmertemperatur wird es wieder flüssig. Das Rezept ist zwar für 4 Personen berechnet, bei einem Menü werden aber auch 6 satt. Wer mag, reicht noch etwas hauchdünn geschnittenen Schinken oder Salami dazu.

Suppe

Die doppelte Menge am Vortag kochen. Eier ebenfalls kochen, schälen, hacken und in einer Dose fest verschlossen im Kühlschrank aufheben. Suppe zum Servieren kurz erhitzen und mit marinierten Krabben, Ei und Kresse bestreuen.

Hauptgang

Am Vortag Pesto und Crème fraîche verrühren, Kartoffeln kochen, Backpapier in Quadrate schneiden und die Kräuter-Gewürz-Paste mit Öl zubereiten. Am nächsten Tag die Päckchen 1 bis 2 Stunden vor dem Garen fertig füllen. Für 6 Personen etwa die 1 1/2fache Menge zubereiten. Mit Fladenbrot und Tomaten- oder Blattsalat servieren.

Dessert

Zitronen auspressen, den Saft durch ein Sieb gießen und beiseite stellen. Früchte vorbereiten, mit Vanillezucker und Saft mischen und maximal 2 Stunden marinieren lassen. Kurz bevor die Hauptspeise serviert wird, Eiscreme aus dem Tiefkühler nehmen und antauen lassen. Für 6 Personen mindestens 1200 ml Eiscreme und 750 g Erdbeeren nehmen.

Suppe

Den Eintopf am Vortag zubereiten, dabei das Gemüse nur knapp gar kochen. Statt Gnocchi kleine Suppennudeln (z. B. Gabelspaghetti, Hörnchen oder Muschelnudeln, etwa 80 g für ein Rezept) in den Eintopf streuen und mit dem Gemüse kochen. Zusammen mit den anderen Gerichten reicht es, wenn die Mengen verdreifacht werden.

Fleisch

Die doppelte Menge Fleisch am Vortag kochen und über Nacht abkühlen lassen. Beide Soßen können ebenfalls schon am Vortag zubereitet werden. Soll die Fleischbrühe für den Kohlrabi-Eintopf genommen werden, etwas Brühe und das gekochte Fleisch in einen Gefrierbeutel geben und gut verschließen.

Beilage

Zucchini und Couscous je in 5facher Menge zubereiten. Statt der Limettensoße eine Vinaigrette aus etwa 10 EL Weißweinessig, 2-3 EL Honig, Salz, Pfeffer und 10 EL Olivenöl rühren und die warmen Zucchinistücke darin abkühlen lassen. Kalten Couscous, marinierte Zucchini und die frisch gehackte Minze kurz vor dem Servieren mischen und mit Salz und Pfeffer würzen.

Snack

Kräuterschnitten wie beschrieben am Vortag zubereiten und gut verpackt in den Kühlschrank stellen. Für Finger-Food in kleine Würfel schneiden.

Dessert

Mandelcreme in der 1 1/2fachen Menge am Vortag zubereiten und kalt stellen. Creme in dieser großen Menge nicht mehr in eine Kranzform füllen, sondern in eine große Schüssel geben. Mindestens 2 kg Erdbeeren vorbereiten und kalt stellen.

Kuchen

Den Kuchen in angegebener Menge möglichst erst am Tag des Festes backen. Den Belag (Rhabarber und Guss) schon am Vortag vorbereiten und gut verpackt in den Kühlschrank stellen.

Party-Büfett
für 16 Personen

Suppe:
Kohlrabi-Eintopf
(Seite 14)

Fleisch:
Pochierte Putenbrust
mit zwei Soßen
(Seite 20/21)

Beilage:
Kräuter-Couscous
mit Zucchini
(Seite 12/13)

Snack:
Kräuter-Quark-
Schnitten
(Seite 16/17)

Dessert:
Mandelring mit
Erdbeeren
(Seite 34)

Kuchen:
Rhabarber-Buttermilch-
Kuchen vom Blech
(Seite 32/33)

Außerdem:
Baguette oder
frisch aufgebackenes
Fladenbrot

Menü für 8 Personen

Vorspeise:

Grüner Bohnensalat mit geräucherter Forelle (Seite 38/39)

Hauptgang:

Bandnudeln mit Zitronenbällchen (Seite 54/55)

Dessert:

Kirschen im Pergament (Seite 66/67)

Vorspeise

Den Bohnensalat in 1 1/2facher Menge zubereiten. Bohnen am Vortag kochen und über Nacht marinieren lassen. Einige Stunden vor dem Essen Zwiebeln, Forellenfilets und die Marinade vorbereiten. Brot in Scheiben schneiden und bis zum Servieren gut verpacken.

Hauptgang

Mengen verdoppeln. Am Vortag die Soße mit den Klößchen zubereiten, abkühlen lassen und über Nacht kalt stellen.

Dessert

Am Vortag 8 »Backpapiernester« anfertigen. Einige Stunden vor dem Essen den Teig (einfache Menge reicht in einem dreigängigen Menü auch für 8 Portionen) anrühren und kalt stellen. Kirschen vorbereiten. Während für das Hauptgericht die Nudeln kochen, die mit Teig gefüllten Nester in den Ofen schieben. Kirschen und restlichen Teig kurz vor dem Servieren des Hauptganges einfüllen und fertig backen.

Suppe

Die Minestrone in angegebener Menge am Vortag (eventuell ohne die Nudeln) fix und fertig kochen. Bleiben die Nudeln über Nacht in der Suppe, quellen sie stark auf und die Suppe wird etwas dicklicher, dann eventuell zusätzlich etwas Brühe zugeben. Oder die Nudeln erst kurz vor dem Servieren in Salzwasser extra kochen und dann in die Suppe geben.

Fleisch

Das Rezept verdoppeln und die Barbecue-Soße am Vortag kochen. Fleisch auf 2 Backbleche verteilen, fest verschließen und beide Bleche zusammen in den Ofen schieben. Nach der Hälfte der Garzeit die Bleche im Backofen einmal tauschen, damit das Fleisch gleichmäßig gart.

Dip

Die doppelte Menge am Vortag zubereiten und im Kühlschrank aufheben. Dazu: frisch aufgebackenes Fladenbrot.

Salat

Die 3fache Menge am Vortag zubereiten und im Kühlschrank aufheben. Salat rechtzeitig herausnehmen, damit er zimmerwarm wird und sein Aroma entfalten kann.

Dessert

Die Mengen verdoppeln. Krokant am Vortag zubereiten oder fertigen Krokant aus der Packung nehmen. Melonen einige Stunden vor dem Essen in Stücke schneiden, aber erst kurz vor dem Servieren mit Sherry beträufeln.

Kuchen

Kirschbrot wie angegeben möglichst frisch zubereiten. Eventuell Crème fraîche als Aufstrich dazu servieren.

Party-Büfett
für 10 Personen

Suppe:
Minestrone
(Seite 44)

Fleisch:
Spareribs mit
Barbecue-Soße
(Seite 65)

Dip:
Syrische
Auberginenpaste
(Seite 45)

Salat:
Kartoffelsalat
mit Feta und Oliven
(Seite 40)

Dessert:
Melonensalat mit
Sonnenblumenkrokant
(Seite 79)

Kuchen:
Kirschbrot
(Seite 72)

Menü für 6 Personen

Suppe:

Möhren-Kürbis-Suppe
(Seite 99)

Hauptgang:

Coq au vin
(Seite 102)

Dessert:

Pochierte Birnen
mit Zimtsahne
(Seite 104/105)

Suppe

Die 1 1/2fache Menge schon am Vortag kochen und kalt stellen. Möhrenraspel und Brotwürfel frisch zubereiten. Eventuell etwas geräuchertes Forellenfilet (etwa 50 g pro Portion) als Einlage in die Suppe geben.

Hauptgang

Sie brauchen ein extragroßes Brathähnchen von etwa 1,8 kg. Speck und Schalotten schon am Tag zuvor vorbereiten. Einige Stunden vor dem Essen die Champignons putzen. Das Hähnchen in 6 Teile schneiden; die Garzeit verlängert sich auf etwa 1 Stunde. Als Beilage passen frisches Baguette (zum Stippen der Soße) und Tomaten- oder Blattsalat.

Dessert

Birnen am Vortag kochen und über Nacht im Sud abkühlen lassen. Einige Stunden vor dem Servieren die Birnenhälften einschneiden und in kleine Förmchen legen. Zucker erst kurz vor dem Karamellisieren darüber streuen.

Suppe

Rote-Bete-Suppe in doppelter Menge einen Tag vorher fix und fertig kochen.

Fleisch

Chili con carne wie im Tipp beschrieben ohne Kürbis in doppelter Menge einen Tag vorher zubereiten. Dazu: Brot.

Salate

Dicke-Bohnen-Salat in doppelter Menge am Vortag zubereiten und wie im Tipp beschrieben mit Essig abschmecken; am besten Bohnen aus der Dose nehmen. Kurz vor dem Servieren mit Salami anrichten.

Orangen-Nudel-Salat in doppelter Menge zubereiten. Am Vortag die Orangensoße zubereiten, Orangenfilets auslösen und Mandeln und Nüsse rösten. Einige Stunden vor dem Essen Nudeln kochen und mit der Soße mischen. Salat und Basilikum erst beim Anrichten untermischen.

Kartoffeln

Die doppelte Menge schon am Vortag kochen und aushöhlen; nicht salzen. Mit der Schnittfläche nach unten auf ein Backblech legen. Abgedeckt kalt stellen. Füllung vorbereiten und gut kühlen. 2 bis 3 Stunden vor dem Essen Kartoffeln würzen, füllen und mit Lorbeer belegen. Die Garzeit kann sich wegen der größeren Menge um 5 bis 10 Minuten verlängern.

Dessert

Doppelte Menge Suppe am Vortag kochen und kalt mit Milchreis oder Grießpudding servieren.

Kuchen

Die Muffins schmecken frisch am besten, können aber auch schon am Vortag gebacken werden.

Party-Büfett
für 16 Personen

Suppe:

Rote-Bete-Suppe
(Seite 98)

Fleisch:

Chili con carne
(ohne Kürbis)
(Seite 94/95)

Salate:

Bohnensalat mit Salami
(Seite 82/83)
Orangen-Nudel-Salat
mit Radicchio
(Seite 85)

Kartoffeln:

Gefüllte Kartoffeln
(Seite 89)

Dessert:

Apfelsuppe mit Rosinen
(Seite 114)

Kuchen:

Pflaumen-Muffins
(Seite 115)

Menü für 6 Personen

Vorspeise:

Datteln mit Speck

(Seite 122)

Hauptgang:

Blumenkohl-Curry

(Seite 118/119)

Dessert:

Überbackene Äpfel mit Zimtstreuseln

(Seite 145)

Vorspeise

Datteln schon einige Stunden vor dem Essen mit Speck umwickeln. Erst kurz vor dem Servieren frisch braten – noch warm schmecken sie am besten.

Hauptgang

Das Curry in doppelter Menge einen Tag vorher fix und fertig kochen, dabei darauf achten, dass der Blumenkohl nicht zu gar wird. Zum Servieren langsam erhitzen. Mit Basmatireis und Blattsalat servieren.

Dessert

Äpfel mit Zimtstreuseln in der angegebenen Menge einige Stunden vor dem Essen zubereiten. Erst kurz vor dem Essen backen, so dass sie warm genossen werden können.

Suppe

Suppe in 3facher Menge am Vortag kochen. Würstchen dafür in Scheiben schneiden und in der Suppe miterhitzen.

Fleisch

Beide Soßen in doppelter Menge am Vortag kochen und kalt stellen. Einige Stunden vor dem Essen die Lasagne in die Fettpfanne des Backofens schichten. Frisch backen.

Salat

Die angegebene Menge am Vortag zubereiten und bis auf Eiweiße und Eigelbe schon aufschichten. Über Nacht in den Kühlschrank stellen. Vor dem Servieren Eiweiße und Eigelbe darüber streuen.

Snack

Teig für die Puffer einige Stunden vor dem Essen anrühren. Die Puffer möglichst frisch braten, dann schmecken sie am besten.

Dessert

Pudding in doppelter Menge am Vortag kochen. Etwa 1 1/2 l Vanillesoße ebenfalls am Vortag kochen. Zum Servieren den Pudding in eine große Glasschüssel füllen. Obendrauf etwas Vanillesoße gießen, so dass sie die Oberfläche vollständig bedeckt. Restliche Vanillesoße extra dazu servieren.

Kuchen

Törtchen in dreifacher Menge am Vortag backen und gut verschlossen aufheben.

Party-Büfett
für 20 Personen

Suppe:

Kartoffelsuppe
mit Würstchen
(Seite 136)

Fleisch:

Lasagne (Seite 126/127)

Salat:

Russischer Heringssalat
(Seite 134/135)

Snack:

Maispuffer mit Speck
(Seite 129)

Dessert:

Nougatpudding
(Seite 142)

Kuchen:

Portugiesische
Kokostörtchen
(Seite 144)

Außerdem:

Baguette und/oder
kräftiges Mischbrot

Gemüse

- Auberginen
- Bleich-/Staudensellerie
- Blumenkohl
- Brokkoli, Spargelkohl
- Busch-, Stangenbohnen
- Champignons
- Chicorée
- Chinakohl
- Dicke Bohnen
- Erbsen/Zuckerschoten
- Fenchel
- Grünkohl
- Kohlrabi
- Kürbis
- Mangold
- Meerrettich
- Möhren
- Paprika
- Pastinaken
- Porree/Lauch
- Postelein
- Radieschen
- Rettich
- Rosenkohl
- Rote Bete, Rote Rüben
- Rotkohl
- Salatgurken
- Schwarzwurzeln
- Sellerieknollen
- Spargel
- Spinat
- Steckrüben
- Teltower Rübchen
- Tomaten
- Topinambur
- Weiß-, Spitzkohl
- Wirsing
- Zucchini
- Zuckermais

Blattsalate

- Bataviasalat
- Eichblattsalat
- Eisbergsalat
- Endiviensalat/Frisée
- Feldsalat/Rapunzel
- Kopfsalat
- Lollo rossa/bionda
- Löwenzahn
- Pflücksalat
- Radicchio
- Rauke (Rucola)
- Römersalat

Obst (heimisch)

- Äpfel
- Aprikosen
- Birnen
- Brombeeren
- Erdbeeren
- Heidelbeeren
- Himbeeren
- Johannisbeeren
- Kirschen, sauer/süß
- Mirabellen/Renekloden
- Pfirsiche/Nektarinen
- Pflaumen/Zwetschgen
- Quitten
- Rhabarber
- Stachelbeeren
- Weintrauben

Obst (Import)

- Ananas
- Apfelsinen
- Avocados
- Clementinen/Satsumas
- Grapefruits
- Kiwis
- Wasser-/Zuckermelonen

Frühling
großes Angebot
geringes Angebot

Sommer
großes Angebot
geringes Angebot

Herbst
großes Angebot
geringes Angebot

Winter
großes Angebot
geringes Angebot

INFOS UND TIPPS

INFOS UND TIPPS

L

M

N

O

P

Q

R

S

T

U

Z

Impressum

Umwelthinweis:
Dieses Buch und der Einband wurden auf chlorfrei gebleichtem Papier gedruckt.
Die Einschrumpffolie (zum Schutz vor Verschmutzung) ist aus umweltfreundlicher und recyclingfähiger PE-Folie.

1. Auflage
Brigitte-Bücher im Verlag Mosaik bei Goldmann

in der Verlagsgruppe Random House GmbH
in Zusammenarbeit mit Gruner + Jahr AG & Co. KG,
Am Baumwall 11, 20459 Hamburg

Herausgeberin: Anne Volk
Koordination: Christine Tsolodimos
Redaktion: Christine Tsolodimos, Karin Schanzenbach
Art-Direction und Layout: Barbara Saniter, Hamburg
Umschlaggestaltung: Eisele Grafik-Design, München
Umschlagfotos: U1 K. Newedel;
Einklinker alle Th. Neckermann; U4 Th. Neckermann

Reproduktion: Lorenz & Zeller, Inning am Ammersee
Druck und Bindung: MohnMedia GmbH, Gütersloh
Printed in Germany

ISBN 3-442-39074-5
www.goldmann-verlag.de

Bildnachweis:

Die Bilder im Inhaltsverzeichnis und ab S. 148 sind von links nach rechts und von oben nach unten numeriert
G. Caspersen 37; J. Caspersen 147; A. Deimling 114, 115, 153 (6, 7); A. Deimling/F. Koops/H. Perdikas 103; Falken Verlag/Feiler 81; O. Heissner 7; U. Holsten 89, 91, 153 (5); W. Krüger 8, 131; Th. Neckermann 2 (1, 2), 3 (3, 6, 8, 9), 12, 14, 17, 21, 22, 23, 24, 25, 27, 29, 30, 32, 35, 40, 41, 42, 44, 45, 47, 48, 51, 52, 53, 54, 56, 57, 59, 60, 65, 67, 68, 70, 73, 74, 76, 77, 78, 79, 84, 85, 87, 95, 96, 97, 99, 102, 105, 106, 108, 110, 111, 117, 118, 122, 127, 128, 129, 135, 137, 138, 139, 140, 142, 144, 145, 148 (3), 149 (1, 2, 3, 4, 6), 150 (2), 151 (1-5), 152(1, 2), 153 (2, 4), 154 (1-3), 155 (2-6); O. Möller 98, 153 (1); J. Peters 124; PhotoDisc 4/5; Picture Press 63, 100, 132, 136, 155 (1); F. Prien 11; G. Scarlini 43, 104, 143, 152 (3); W. Schardt 2 (3), 34, 149 (5); H.-J. Schmidt 3 (7), 15, 18, 19, 26, 31, 64, 90, 121, 148 (1, 2, 4); M. Urban 38, 82, 150 (1), 153 (3); K. Willenbrock 3 (1, 4), 61, 66, 69, 72, 88, 92, 107, 123, 150 (3), 151 (6); B. Wohlgemuth 3 (5), 112

Weitere BRIGITTE-Bücher im Verlag Mosaik bei Goldmann

Annette Leitz

BRIGITTE
Die 100 besten Rezepte

Von der schnellen Küche
bis zum festlichen Menü
ca. 160 Seiten

17,90 [D] sFr 31,70

ISBN 4-442-39073-7

Susanne Gerlach,
Marlies Klosterfelde-Wentzel,
Kirsten Khaschei

BRIGITTE Ideal-Diät

Abnehmen, fit werden, schlank bleiben
Ihr persönliches Programm
160 Seiten mit 150 farbigen Abbildungen

16,90 [D] sFr 30,10

ISBN 3-442-39039-7

Lea Linster

Einfach und genial

Die Rezepte
der Spitzenköchin
Lea Linster
160 Seiten, 200 farbige Fotos

24,90 [D] sFr 43,70

ISBN 3-442-39032-X